ITQ 인터넷 Internet

초판 발행일 | 2024년 3월 5일
저자 | 해람북스 기획팀
발행인 | 최용섭
책임편집 | 이준우
기획진행 | 조재건

㈜해람북스
주소 | 서울시 용산구 한남대로 11길 12, 6층
문의전화 | 02-6337-5419
팩스 | 02-6337-5429
홈페이지 | https://class.edupartner.co.kr

발행처 | ㈜미래엔에듀파트너   **출판등록번호** | 제2020-000101호

ISBN 979-11-6571-195-5 (13000)

이 책은 저작권법에 따라 보호받는 저작물이므로 무단전재와 무단복제를 금지하며,
이 책 내용의 전부 또는 일부를 이용하려면 반드시 저작권자와 ㈜미래엔에듀파트너의 서면동의를 받아야 합니다.

※ 잘못된 책은 바꾸어 드립니다.
※ 책 가격은 뒷면에 있습니다.

ITQ 시험안내

- 자격 종류 : 공인민간자격
- 공인 번호 : 과학기술정보통신부 제 2020-01호
  (정보기술자격(ITQ) A, B, C급)

• ITQ 시험이란?

정보화 시대의 기업, 기관, 단체 구성원들에 대한 정보기술능력 또는 정보기술 활용능력을 객관적으로 평가하는 시험입니다. 정보기술 관리 및 실무능력 수준을 지수화, 등급화하여 객관성을 높였으며 과학기술정보통신부에서 공식 인증하는 국가공인자격 시험입니다.

• 시험 과목

한 회차에 아래한글/MS워드, 한글엑셀/한셀, 한글액세스, 한글파워포인트/한쇼, 인터넷의 5개 과목 중 최대 3과목까지 시험자가 선택하여 응시할 수 있습니다.

• 합격점수/등급 구분

- 500점 만점을 기준으로 A등급부터 C등급까지 등급별 자격을 부여하며, 낮은 등급을 받은 응시자가 차기시험에 재응시 하여 높은 등급을 받으면 등급을 업그레이드 해주는 방법으로 평가합니다.
- 400~500점 : A등급, 300~399점 : B등급, 200~299점 : C등급, 200점 미만 : 불합격

• 시험출제기준

문항	배점	출제기준
문제1 (CBT경우, 1-1/1-2/1-3)	30점	인터넷 일반 (인터넷 윤리 및 인터넷 일반 검색 등)
문제2	30점	
문제3 (CBT경우, 시뮬레이션)	30점	일반검색 Ⅰ (문제 3-1 / 3-2 / 3-3)
문제4	50점	일반검색 Ⅱ
문제5	50점	
문제6	30점	퍼즐정보검색
문제7	30점	
문제8	30점	
문제9	50점	실용검색 (인터넷 생활 사이트 활용 및 정보 검색)
문제10	50점	
문제11	50점	
문제12	70점	정보가공 (제시된 주제에 따라 답안 완성)

※ 2015년 7월 11일 시험 이후 기준

ITQ 시험특징

01. 공정성, 객관성, 신뢰성이 확보된 OA자격 시험
- 2002년 1월 11일 정보통신부(현 과학기술정보통신부) 공인을 획득한 국가공인자격 시험입니다.
- 1957년 산업발전법에 의거하여 설립된 한국생산성본부에서 시행합니다.

02. 현장실무 위주의 시험
- 실무중심의 작업형 문제로 출제되어 현장 활용도가 높습니다.
- 단체 구성원의 정례화된 목표 지향이 용이하며, 개인의 변별력을 확보할 수 있습니다.
- 특히 구성원의 업무 차별화에 따른 과목 선택이 가능합니다.

03. 실기시험만으로 평가
- 필기시험이 없습니다.
- 실질적으로 업무에 필요한 실무 작업형의 문제로 실기시험만으로 평가하는 미래형 첨단 IT자격입니다.

04. 발전성과 활용성이 탁월함
- 동일 시험과목에 응시가 가능하며, 취득한 성적별로 A, B, C등급을 부여하여 업그레이드 할 수 있습니다.
- 많은 공공 및 행정기관, 대기업, 중소기업, 대학 등에서 정보기술 자격제도로 가장 많이 채택하여 활용하고 있습니다.

■ 도입기관별 ITQ자격시험 활용분야

구분	활용분야
기업	입사 시 우대, 사원교육제도, 승진가점, 경진대회 등
대학	학점인정, 교양필수, 개설과목 적용, 졸업인증제, 정보화능력배양, 신입생특별전형 등
정부부처 지자체	공무원 채용가점, 공무원 승진가점, 경진대회, 이벤트, 주민정보화 교육 등

ITQ 시험 제도의 운영 방향
- 국제수준 정보기술자격(ITQ) 시험으로 정착
- 정보기술관련 교육 평가 시스템으로 활용
- 대학 교양컴퓨터강좌의 학점인정제도와 연계
- 전문대학 정보기술 관련학과의 학점인정제도와 연계 및 실업계 특별전형 혜택
- 생산성대상(산업 훈/포장) 신청업체의 인력정보화 평가기준으로 적용
- 기업체 및 공공기관 단체의 신입사원 채용 시 ITQ 자격증 소지자 우대 및 내부 승진시 인사고과 자료로 적극 활용 추진

ITQ 답안작성방법

시험 절차

[수험자 시험시작 20분전 입실]
▼
[답안 파일 작성 교육]
▼
단계 1 : 수험자 등록(수험번호)
▼
단계 2 : 시험시작(응시과목답안작성)
▼
단계 3 : 답안파일 저장(수험자 PC 저장)
▼
단계 4 : 답안파일 전송(감독 PC로 전송)
▼
단계 5 : 시험 종료(수험자 퇴실)

답안작성방법

1 수험자 로그인

① 바탕화면에서 [KOAS 수험자용] 아이콘을 실행합니다.

② [수험자 등록] 화면에서 수험번호를 입력한 후 [확인] 버튼을 클릭합니다.

③ [MessageBox] 대화상자의 내용을 확인한 후 맞으면 [확인] 버튼을 클릭합니다.

④ [수험자 버전 선택] 화면에서 수험번호, 성명, 수험과목, 좌석번호 등을 확인합니다.

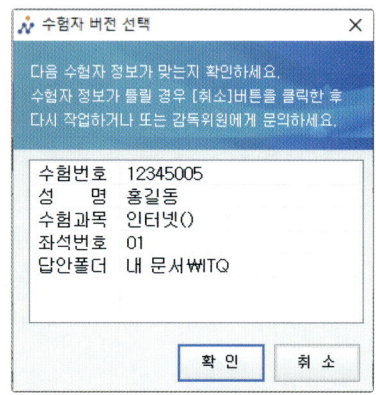

⑤ 확인 후 이상이 없으면 [확인] 버튼을 클릭하고 감독위원의 지시를 기다립니다.

2 답안파일 저장(수험자 PC 저장)

① 답안 작성을 위해 프로그램(아래한글, MS오피스)을 실행합니다.

② [파일]-[저장] 메뉴를 선택한 후 [다른 이름으로 저장] 대화상자에서 다음과 같이 파일을 저장합니다.

- 저장 위치 : 내 PC₩문서₩ITQ
- 파일 이름 : 수험번호-성명-과목

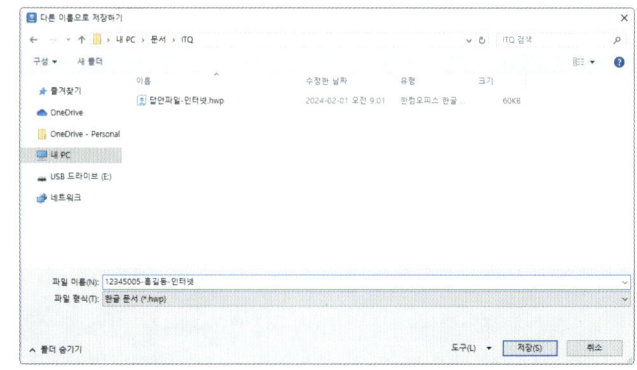

③ [프로그램의 제목표시줄에 본인의 파일 이름(수험번호-성명-과목)이 맞게 되었는지 확인합니다.

3 답안파일 전송(감독PC 전송)

① 저장한 답안파일을 전송하기 위해 [답안 전송] 버튼을 클릭합니다.

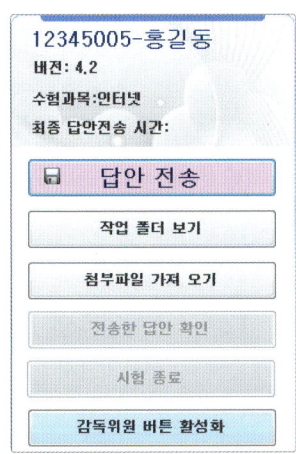

② [MessageBox] 대화상자의 내용을 확인 후 맞으면 [확인] 버튼을 클릭합니다.

③ [고사실 PC로 답안 파일 보내기] 화면에서 내용을 확인한 후 [답안전송] 버튼을 클릭하여 감독 PC로 전송합니다.

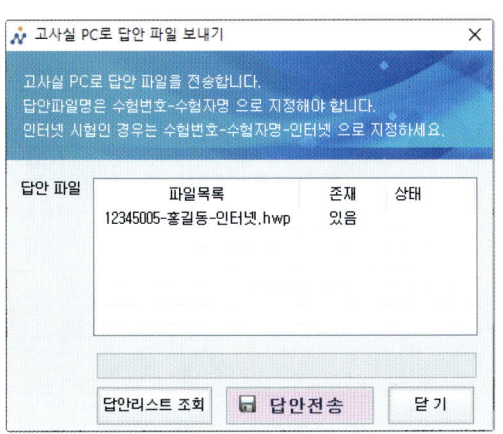

4 답안파일 작성

① 수험생이 선택한 과목에 대해 답안을 작성합니다.

② 이미지 파일은 '내 PC₩문서₩ITQ' 폴더 내의 파일을 이용합니다.

답안파일을 작성하는 중간에도 주기적으로 저장(Ctrl+S)한 후 [답안 전송]을 진행하도록 합니다.

5 시험 종료

- 시험 종료 전에 답안 파일을 감독 PC로 전송했는지 다시 확인합니다.
- [시험 종료] 버튼을 클릭한 후 감독위원 지시를 기다립니다.
- 감독위원이 퇴실요청을 하면 퇴실하시면 됩니다.

※ 주요 내용 정리

저장방법	'내 PC₩문서₩ITQ' 폴더에 정확한 파일명으로 저장
제출방법	[답안 전송] 버튼을 클릭하여 감독 PC로 전송 (주의 : 파일명이 잘못 저장되어 있을 경우 전송되지 않음)

이 책의 차례

PART 01 출제 유형 완전 분석

- 유형 01 인터넷 윤리 008
- 유형 02 일반검색 Ⅰ 021
- 유형 03 일반검색 Ⅱ 027
- 유형 04 가로·세로 정보 검색 036
- 유형 05 실용검색 042
- 유형 06 정보가공 052

PART 02 실전모의고사

- 제01회 실전모의고사 060
- 제02회 실전모의고사 064
- 제03회 실전모의고사 068
- 제04회 실전모의고사 072
- 제05회 실전모의고사 076
- 제06회 실전모의고사 080
- 제07회 실전모의고사 084
- 제08회 실전모의고사 088
- 제09회 실전모의고사 092
- 제10회 실전모의고사 096
- 제11회 실전모의고사 100
- 제12회 실전모의고사 104
- 제13회 실전모의고사 108
- 제14회 실전모의고사 112
- 제15회 실전모의고사 116

PART 03 최신기출유형

- 제01회 최신기출유형 122
- 제02회 최신기출유형 126
- 제03회 최신기출유형 130
- 제04회 최신기출유형 134
- 제05회 최신기출유형 138
- 제06회 최신기출유형 142
- 제07회 최신기출유형 146
- 제08회 최신기출유형 150
- 제09회 최신기출유형 154
- 제10회 최신기출유형 158

PART 04 ITQ 정답 164

출제 유형 완전 분석

유형 01 인터넷 윤리

유형 02 일반검색 Ⅰ

유형 03 일반검색 Ⅱ

유형 04 가로·세로 정보 검색

유형 05 실용검색

유형 06 정보가공

유형 01 인터넷 윤리

문항	배점	출제기준
2문항 출제 (문제 1~2)	60점 (각 30점)	네티켓, 인터넷 중독, 유해/음란물 차단, 인터넷 상거래, 인터넷 저작권, 명예 훼손(사이버 폭력), 개인정보 관리, 스팸, 사이버 범죄 등

기출 유형 미리보기

문제 1 다음 중 그림의 (가)아이핀과 (나)공동인증서의 공통적 기능으로 가장 적절한 것은?

① 회원가입　② 인터넷 거래　③ 개인정보 인증　④ 유해정보 대응

문제 2 게시판 이용에 관한 네티켓으로 옳지 않은 것은?

① 게시판의 내용은 명확하고 간결하게 작성한다.
② 다른 사람의 글을 올릴 경우에는 출처를 밝힌다.
③ 다른 사람이 올린 글이 내 생각과 다르면 삭제할 때까지 댓글을 단다.
④ 같은 내용의 글은 여러 번 올리지 않는다.

ITQ 시험에서는...

- 최근에는 실생활 관련 윤리 문제 및 인터넷 문화에 대한 문제도 인터넷 윤리 문항에 출제되고 있습니다.
- 상식적인 범위 내에서 광범위하게 출제되고 있으므로 문제를 암기하는 것보다는 개념을 이해하는 것이 중요합니다.

유형잡기 01 인터넷 윤리

※ 인터넷 생활을 하면서 필요한 기본적인 윤리 및 기본 정보에 대해 알아봅니다.

01 정보사회

- **인간 생활의 변화**
  - 서로간의 상호작용이 가능한 쌍방향성이 실현되었다.
  - 시간과 공간의 제약을 초월하여 홈쇼핑, 홈뱅킹 등의 개인 복지가 향상되었다.
  - 사이버 공간에서 새로운 인간관계와 문화가 형성되었다.
  - 통신기술의 발달로 시간과 공간의 제약에서 해방되었다.

- **정보사회의 윤리**
  - 모든 정보는 정확하고 올바르게 활용되어야 한다.
  - 모든 정보는 인간의 존엄성을 바탕으로 삶의 질을 향상시키는 데 활용되어야 한다.
  - 정보의 유출은 사회적으로 큰 피해를 야기할 수 있으므로 사전에 방지한다.
  - 국가의 기밀, 개인의 사생활, 지적 재산권의 보호 의무를 지닌다.
  - 정보의 제공과 활용에 있어 인권 존중에 기본을 둔다.

- **정보사회의 역기능(문제점)**
  - 개인 정보 유출로 인한 사생활 침해 증가
  - 프로그램 불법 복제, 바이러스 유포 등 지능적 범죄 증가
  - VDT 증후군, 테크노스트레스와 같은 직업병 발생
  - 정보 이용 기회의 불균형으로 인한 정보 소외 현상 발생
  - 유통 및 판매 구조의 자동화로 인한 실업자 증가
  - 사이버 가상공간으로 인한 현실 도피와 인간성 상실
  - 중앙컴퓨터 또는 서버의 장애로 인한 사회적, 경제적 혼란 초래

- **VDT 증후군** : 컴퓨터 단말기를 오랜 시간 사용함으로써 발생하는 질병을 의미한다.
- **테크노스트레스** : 급속한 기술혁신에 대응하여 이를 수용하지 못하고 정신적으로 불안정해지는 상태를 말한다.

02 사용 영역별 네티켓

● **게시판 네티켓**

- 올바른 맞춤법과 문법에 맞는 표현을 사용한다.
- 사실에 근거하지 않은 내용은 올리지 않는다.
- 반드시 경어체(높임말)를 사용하고 반말은 사용하지 않는다.
- 같은 글을 반복적으로 올리는 행위(속칭 도배)는 하지 않는다.
- 완성되지 않은 형태의 문자를 사용하지 않는다. (ex. ㅋㅋㅋ, ㅎㅎㅎ 등)
- 게시판의 글은 명확하고 간결하게 쓰도록 한다.
- 게시물의 내용을 잘 설명할 수 있는 알맞은 제목을 사용한다.

● **채팅 네티켓**

- 바른 언어, 좋은 말을 사용하고 욕설, 비방은 하지 않는다.
- 상대방에 대한 호칭은 '대화명' 끝에 님을 반드시 붙인다.
- 입장 및 퇴실 때에는 서로에게 인사를 하도록 한다.
- 전화번호, 주소를 묻지 말고, 가르쳐 주지도 않는다.
- 채팅으로 만난 사람을 오프라인에서 함부로 만나지 않는다.

 내공 빵빵

- **네티켓** : 네트워크(Network)와 에티켓(Etiquette)의 합성어로, 네티즌이 네트워크상에서 지켜야 할 상식적인 예절을 말한다.

● **자료실 네티켓**

- 자료를 올릴 때는 반드시 출처와 원 작성자를 밝힌다.
- 상용 소프트웨어, 음란물 등의 자료는 올리지 않는다.
- 자료를 올리기 전에는 반드시 바이러스 감염 여부를 체크한다.
- 공개자료실에 등록할 자료는 가급적 압축하도록 한다.
- 불법 소프트웨어 공유 사이트(와레즈)를 이용하지 않는다.

 내공 빵빵

- **상용 소프트웨어** : 가장 일반적인 방식으로, 사용자가 돈을 주고 구입해야 하는 프로그램
- **패치(Patch) 프로그램** : 프로그램의 단점을 보완하거나 기능의 일부를 변경해 주는 프로그램
- **셰어웨어(Shareware)** : 정식 소프트웨어를 판매하기 위해 무료로 나누어주는 프로그램으로, 일부 기능이나 사용 기간 등에 제한을 둠
- **프리웨어(Freeware)** : 공개 소프트웨어로, 프로그램 제작자가 자유로운 사용을 허락하여 공개한 프로그램
- **번들(Bundle)** : 컴퓨터를 구입할 때 하드웨어나 주변 장치뿐만 아니라 소프트웨어도 포함된 가격으로 사는 일

03 인터넷 중독

● 인터넷 중독 진단
- 인터넷 사용이 중단될 시 불안, 초조 등 금단현상이 나타난다.
- 종전보다 더 많이 접속해야 만족을 느끼는 등 사용시간이 길어진다.
- 컴퓨터에 대한 의존성이 심해지며, 게임 등을 하느라 끼니를 거른다.
- 현실과 인터넷 공간을 구분하지 못할 때가 있다.
- 과도한 게임으로 성적이 떨어지거나 시력 등 건강이 나빠지고 있다.
- 인터넷 사용 때문에 가정, 직장 내 불화가 잦아진다.

● 인터넷 중독 예방
- 컴퓨터는 공개된 공간에 설치한다.
- 하루 중 컴퓨터 사용시간을 일정하게 정하고 지키도록 노력한다.
- 인터넷 중독으로 자신이 잃은 것을 객관적인 입장에서 파악한다.
- 컴퓨터 게임보다 활동적이고 유익한 여가 활동을 많이 한다.
- 혼자 해결하기보다는 가족이나 주위 사람에게 도움을 요청한다.

- 스마트쉼센터(www.iapc.or.kr) : 인터넷·스마트폰 중독 진단 및 예방, 상담 치료 등의 업무 수행

04 개인정보 보호

● 개인정보 침해 예방방법
- 공공장소(도서관, PC방 등)에서 컴퓨터 사용 후 로그인 기록 등을 삭제한다.
- 공동인증서는 USB나 보안토큰에 별도로 저장한다.
- 사이버 금융거래는 신뢰할 수 있는 웹사이트에서 이용한다.
- 회원가입 또는 개인정보를 제공할 때에는 개인정보 처리방침 및 이용약관을 꼼꼼히 살핀다.
- 비밀번호는 주기적으로 변경한다.
- 주민번호 대신 대체 수단(I-PIN)을 사용하여 회원가입을 한다.
- 출처가 불명확한 자료나 메일은 열거나 다운로드하지 않는다.
- 트위터 등 SNS 이용 시 가급적이면 개인정보를 공개하지 않거나 최소한으로 공개한다.
- 개인정보가 침해당했을 때는 관련기관에 신고를 한다.
  - 본인확인 내역조회 : www.privacy.go.kr
  - 개인정보침해 신고센터 : privacy.kisa.or.kr

- 개인정보 인증
  - I-PIN(Internet Personal Identification Number) : 인터넷상에서 주민번호를 대신하여 아이디와 패스워드를 이용하여 본인을 확인하는 수단이다.
  - 공동인증서(구 공인인증서) : 국가 공동인증기관으로부터 신원확인을 위해 발급받은 온라인 거래를 위한 신분증을 의미하며, 인감도장을 사용하는 것과 같은 의미의 전자서명을 이용하여 인터넷을 통한 거래시 안전하게 고객의 신원을 증명하고 확인하는 서비스이다.

유형잡기 02 인터넷 생활

인터넷 생활에서 발생하는 각종 사이버 범죄 대처 방법, 유해/음란물 대처 방법, 저작권, 개인정보 보호 방법 등에 대해 알아봅니다.

01 정보사회

- 유해/음란물 대처 방법
  - 음란물 검색 프로그램이나 음란물 대응 소프트웨어를 활용한다.
  - 가족 공용의 공간에 컴퓨터를 놓고 사용한다.
  - 부모가 컴퓨터를 배워 자녀와 공감대를 형성한다.
  - 음란물 사이트 신고처 및 신고 방법을 숙지하고 발견 즉시 신고한다.

02 인터넷 저작권

- 저작권법
  - 저작자의 권리와 이에 인접하는 권리를 보호하고 저작물의 공정한 이용을 도모함으로써 문화의 향상·발전에 이바지함을 목적으로 제정된 법이다.

- 저작권 침해 사례
  - 출간된 만화를 스캔하여 그림 파일로 만들어 인터넷에 업로드 하는 행위
  - 출간된 서적의 전체 혹은 일부를 문서 파일로 만들어 인터넷에 업로드 하는 행위
  - 영화 혹은 드라마를 동영상 파일로 만들어 인터넷에 업로드 하는 행위
  - 웹툰(인터넷 만화)을 스크랩하여 저작자의 동의 없이 다른 장소에 등재하는 행위
  - 개인 블로그의 작성물을 저작자의 동의 없이 다른 장소에 등재하는 행위
  - 상용 소프트웨어를 무료로 다운 받을 수 있도록 인터넷에 업로드 하는 행위
  - 상용 소프트웨어의 인증키(인증번호)를 인터넷에 유포하는 행위

- **보호받는 저작물**
  1. 소설·시·논문·강연·연설·각본 그 밖의 어문저작물
  2. 음악저작물
  3. 연극 및 무용·무언극 그 밖의 연극저작물
  4. 회화·서예·조각·판화·공예·응용미술 그 밖의 미술저작물
  5. 건축물·건축을 위한 모형 및 설계도서 그 밖의 건축저작물
  6. 사진저작물(이와 유사한 방법으로 제작된 것을 포함한다.)
  7. 영상저작물
  8. 지도·도표·설계도·약도·모형 그 밖의 도형저작물
  9. 컴퓨터프로그램저작물

- **보호받지 못하는 저작물**
  1. 헌법·법률·조약·명령·조례 및 규칙
  2. 국가 또는 지방자치단체의 고시·공고·훈령 그 밖에 이와 유사한 것
  3. 법원의 판결·결정·명령 및 심판이나 행정심판절차 그 밖에 이와 유사한 절차에 의한 의결·결정 등
  4. 국가 또는 지방자치단체가 작성한 것으로서 제1호 내지 제3호에 규정된 것의 편집물 또는 번역물
  5. 사실 전달에 불과한 시사보도

| 출처 : 한국저작권위원회 |

03 인터넷 상거래 피해 예방법

- 급한 이유가 있다며 싼 가격을 제시하고 직거래를 제안하는 사람은 주의한다.
- 부득이하게 직거래를 하는 경우, 직접 만나서 물품을 받는 것이 가장 좋다.
- 식용품, 의약품의 경우 사전에 부작용에 대한 정보를 찾아본다.
- 구입한 상품의 환불, 교환이 처리되지 않으면 소비자 보호단체 등에 알린다.
- 해당 쇼핑몰이나 상품에 대한 정보를 전화, 메일, 게시판을 통해 정확하게 문의한다.
- 해당 쇼핑몰이나 판매자를 대상으로 하는 피해자 모임이나 카페가 있는지 확인한다.
- 인터넷 거래는 가급적 신용카드를 이용하며, 현금거래를 유도하는 사람은 의심해 본다.

04 스팸 메일 및 메시지

● **스팸 메일 방지 수칙**

- 인터넷 웹사이트, 게시판 등에 전자우편 주소, 전화번호를 남기지 않는다.
- 인터넷 서비스 가입시 광고 메일 '수신하지 않음'을 선택한다.
- 이동통신사 또는 이메일 프로그램 또는 서비스에서 제공하는 다양한 차단 기능을 활용한다.
- 광고 메일을 열어보거나 스팸 메시지에 포함된 URL에 접속하지 않는다.
- 미성년자는 포털의 청소년 전용 계정을 이용한다.

- 스팸 메일 및 메시지 피해 신고처
  - KISA 불법스팸대응센터(spam.kisa.or.kr) ☎ 118

05 전자우편

- 이메일 송·수신시 준수 사항
  - 보내는 사람이 누구인지 명확히 밝힌다.
  - 인터넷 언어 사용 네티켓을 철저히 준수한다.
  - 내용에 걸맞는 제목을 사용하고 이모티콘 및 준말은 가까운 친구 사이에서만 쓴다.
  - 여러 사람의 이메일 주소를 수취인에 한꺼번에 써서 보내지 않는다.
  - 수신자가 동의하지 않은 무분별한 광고 메일은 보내지 않는다.

- 바이러스 메일 대처법
  - 보낸 사람의 신원이 확실치 않을 경우에는 이메일을 절대 열람하지 않는다.
  - 선정적이고 자극적인 제목의 이메일은 함부로 열람하지 않는다.
  - 바이러스 백신 프로그램의 실시간 감시 기능을 작동시켜 놓도록 한다.
  - 이메일의 첨부 파일을 다운로드할 때는 반드시 바이러스 검사를 실시한다.

유해/명예훼손 관련 사이트
- 경찰청 사이버수사국(www.cyberbureau.police.go.kr)
- 그린 i-Net(www.greeninet.or.kr)
- 한국인터넷진흥원(www.kisa.or.kr)
- 방송통신심의위원회(www.kocsc.or.kr)

인터넷 상거래 관련 사이트
- 공정거래위원회(www.ftc.go.kr)
- 행복드림(www.reviver.co.kr)
- 한국소비자원(www.kca.go.kr)
- 한국공정거래조정원(www.kofair.or.kr)

06 사이버 명예훼손

- 사이버 명예훼손 해당 행위
  - 근거 없이 특정 인물에 대해 적개심을 표현하는 글을 인터넷상에 등재하는 행위
  - 근거 없는 루머 또는 적개심을 표현한 글을 다양한 장소에 복사하여 퍼뜨리는 행위
  - 특정 인물에 대해 욕설 등 비방하는 행위
  - 타인의 개인정보(주민등록번호, 전화번호, 주소 등)를 인터넷상에 유포하는 행위
  - 이성적으로 논쟁하지 않고 논쟁 상대에 대한 인격적 모독을 하는 행위

- **사이버 명예훼손 예방법**
    - 주민등록번호, 전화번호 등의 개인정보는 최대한 인터넷상에 올리지 않는다.
    - 인터넷상에서 타인의 감정을 자극하는 언어를 사용하지 않는다.
    - 원하지 않는 이메일에는 답하지 않고, 필터링 시스템 등을 이용한다.

- **사이버 명예훼손 대처법**
    - 피해 사실에 대한 증거 자료를 명확히 남겨 두도록 한다.
    - 증거 자료 확보 후에는 관련 사이트 담당자에게 삭제를 정식으로 요청한다.
    - 필요시 사법기관(방송통신심의위원회)을 통해 해결한다.

07 사이버 명예훼손

- **스미싱(Smishing)이란?**
    - '무료쿠폰', '돌잔치 초대장' 등을 내용으로 하는 문자메시지 내 인터넷 주소를 클릭하면 악성코드가 설치되어, 피해자가 모르는 사이에 소액결제를 하거나 개인, 금융정보를 탈취하는 방법이다.

- **스미싱(Smishing) 예방법**
    - 지인에게서 온 문자메시지라도 출처가 확인되지 않은 문자메시지 내 인터넷 주소를 클릭하지 않는다.
    - 전자금융사기 예방서비스 공인인증서 PC지정 및 추가인증을 사용한다.
    - 자신의 스마트폰으로 114를 눌러 소액결제 차단·제한 서비스를 상담원에게 요청한다.
    - 보안강화·업데이트 명목으로 금융정보를 요구하는 경우 절대 입력하지 않는다.
    - 백신 프로그램을 설치·업데이트하고 실시간 감시 상태를 유지한다.

- **파밍(Pharming)이란?**
    - 악성코드에 감염된 PC를 조작해, '즐겨찾기' 또는 포털사이트를 통해 금융회사 홈페이지에 접속하여 피싱 사이트로 유도하여 금융정보를 탈취해 유출된 정보로 예금을 인출하는 방법이다.

- **파밍(Pharming) 예방법**
    - 사이트 주소가 정상인지 확인하고, 보안카드번호 전부는 절대 입력하지 않는다.
    - 공동인증서, 보안카드 사진 등을 컴퓨터나 이메일에 저장하지 않는다.
    - OTP(일회성 비밀번호 생성기), 보안토큰(비밀번호 복사 방지) 등을 사용하도록 하며, 공동인증서 PC지정 등 전자금융 사기 예방서비스에 가입한다.

유형 01 기출 유형 따라잡기

01 다음 중 인터넷 게시판 사용에 대한 네티켓으로 옳지 않은 것은?

① 게시판의 글은 간결하고 명확하게 쓴다.
② 주제에 맞는 그룹 게시판에 글을 올린다.
③ 남을 비방하고 험담하는 내용은 올리지 않는다.
④ 게시판 작성자의 전자우편주소, 전화번호는 반드시 함께 작성한다.

02 다음 중 인터넷의 순기능이 아닌 것은?

① 개방성
② 시공간 초월성
③ 정보침해
④ 쌍방향성

03 다음 중 인터넷 미디어의 특성으로 옳지 않은 것은?

① 하이퍼링크를 통한 미디어의 연결
② 음성과 영상을 연결한 다양한 형태의 미디어
③ 개인 간에 동시적 또는 비동시적으로 정보교환
④ 시공간의 상대적 제한성

04 다음 중 인터넷 중독 예방지침으로 옳지 않은 것은?

① 컴퓨터를 사용하기 전에 사용목적을 간단히 메모한 후 접속한다.
② 스스로 조절이 어려울 경우 시간관리 소프트웨어를 사용한다.
③ 주로 방문하는 사이트를 파악하고 사용시간과 방문횟수를 기록한다.
④ ESD(Electronic Software Delivery) 라이선스 구매를 지양하고 CD프로그램으로 구매한다.

05 파밍(Pharming)의 피해를 예방하기 위한 방법과 관계 없는 것은?

① 컴퓨터, 이메일, 웹하드 등에 공동인증서, 보안카드 사진, 비밀번호를 저장하지 않는다.
② 출처가 확인되지 않은 스마트폰 문자메시지의 인터넷주소를 클릭하지 않는다.
③ 출처불명의 파일이나 이메일은 즉시 삭제하고 무료 다운로드 사이트 이용을 자제한다.
④ 윈도우, 백신프로그램을 최신 상태로 업데이트하고 실시간 감시상태로 유지한다.

06 파밍(Pharming) 사이트의 특징으로 옳지 않은 것은?

① 정상적인 은행 홈페이지 주소를 입력해도 가짜 홈페이지로 연결
② 기존에 클릭하던 즐겨찾기를 클릭해도 가짜 홈페이지로 연결
③ 인증서 로그인 단계 이전에 인증서 암호 입력 요구
④ 휴대폰으로 인증번호 문자를 받고서 접속 가능

07 다음 중 스마트폰 스팸 메시지 대응 방법으로 옳지 않은 것은?

① 스팸번호를 즐겨찾기로 설정한다.
② 통신사의 스팸차단서비스를 이용한다.
③ 스팸차단, 신고용 앱을 설치한다.
④ 스팸으로 의심되는 전화번호로 수신될 경우 스마트폰 기능으로 해당번호를 차단 설정한다.

08 다음 중 휴대전화 스팸 방지 수칙으로 옳지 않은 것은?

① 단말기에 등록된 전화번호 이외의 모든 번호는 착신거부 설정하기
② 불필요한 전화광고 수신에 동의하지 않기
③ 스팸으로 의심되는 경우 응답하지 않기
④ 스팸을 통해서는 제품구매나 서비스 이용을 하지 않기

09 다음 중 이메일 스팸방지 수칙으로 옳지 않은 것은?

① 이메일 프로그램 자체에 내장된 스팸차단 기능을 적극 활용하기
② 웹사이트, 게시판 등에 이메일 주소와 전화번호 이외의 정보는 남기지 않기
③ 불필요한 광고메일 수신에 동의하지 않기
④ 스팸으로 의심되는 경우 열어보지 않기

10 본인의 핸드폰에 보이스피싱 전화가 왔을 때 가장 민감하지 않은 정보인 것은?

① 본인의 핸드폰번호
② 본인의 주민등록번호
③ 본인의 계좌 비밀번호
④ 본인의 인터넷뱅킹 로그인 ID

11 금융거래 등 상거래에 있어서 거래 상대방의 신용을 판단할 때 필요한 신용정보에 해당하지 않는 것은?

① 신용정보주체의 신용도를 판단할 수 있는 정보
② 특정 신용정보기관을 식별할 수 있는 정보
③ 신용정보주체의 거래내용을 판단할 수 있는 정보
④ 신용정보주체의 신용거래능력을 판단할 수 있는 정보

12 랜섬웨어(Ransomware)에 감염된 컴퓨터의 증상으로 옳지 않은 것은?

① 파일 이름 변경
② 파일 확장자 변경
③ 금품요구 메시지
④ 휴지통 비우기

13. "서울지방경찰청 금융범죄수사팀 김 경사입니다. 당신의 계좌가 범죄에 연루되었으니 안전한 계좌로 옮기시기 바랍니다."라는 핸드폰 문자를 받았을 때 올바른 행동으로 가장 적절한 것은?

① 발신자에게 전화를 건다.
② 문자 내용을 무시하고 삭제한다.
③ 안전한 계좌를 개설하여 이체한다.
④ 계좌 잔액을 모두 현금으로 인출한다.

14. 컴퓨터 바이러스 감염을 예방하기 위한 방법으로 옳지 않은 것은?

① 중요한 파일은 복사본을 만들어둔다.
② 모든 소프트웨어는 최신버전으로 구매한다.
③ 백신을 설치하고 주기적으로 점검한다.
④ 발신인을 알 수 없는 메일은 열어보지 않는다.

15. 다음 중 불법 소프트웨어 단속대상인 것은?

① OEM 프로그램을 삭제하고 정품 프로그램을 구매하여 설치했을 경우
② 프리웨어를 다운로드하여 사용하는 경우
③ 셰어웨어에서 제공하는 기간을 넘겨서 사용하고 있는 경우
④ 인터넷에서 신용카드로 구매한 프로그램 CD를 분실한 상태에서 사용하고 있는 경우

16. 개인정보를 지키기 위한 안전 수칙으로 옳지 않은 것은?

① 개인정보 제공을 요구하는 경품 이벤트 참여는 각별히 주의한다.
② 휴대폰 메시지로 출처가 확실하지 않은 곳에서 발송된 주소(URL)는 열지 말고 바로 지운다.
③ 사람들이 공동으로 접속하는 컴퓨터에서는 가급적이면 인터넷뱅킹 등의 금융거래는 하지 않는다.
④ 개인의 주민등록번호, 신용카드번호, 통장계좌번호 등 개인정보는 PC에 저장하지 않고 인터넷 등에 저장하는 습관을 기른다.

17 안전한 전자상거래를 위한 인터넷쇼핑몰 이용소비자의 안전수칙으로 옳지 않은 것은?

① 교환, 환불, 반품조건 등을 확인하고 거래한다.
② 안전한 결제가 이루어지는 사이트인지 확인한다.
③ 사이트에 사업자정보(상호, 주소, 전화번호 등)가 기재되어 있는지 확인한다.
④ 무료배송 여부를 확인한다.

18 다음 중 소셜네트워크서비스(SNS)가 아닌 것은?

① 페이스북(Facebook)
② 인스타그램(Instagram)
③ 구글(Google)
④ X(Twitter)

19 안전한 금융거래를 위한 비밀번호의 안전관리수칙으로 옳지 않은 것은?

① 비밀번호를 수첩, 웹하드 등에 남기지 않는다.
② 인터넷포털, 금융계좌, 공인인증서 등의 비밀번호는 각각 다르게 설정한다.
③ 비밀번호는 주기적으로 변경하고 타인에게 알려주지 않는다.
④ 생년월일, 전화번호 등 쉽게 유추할 수 있는 번호를 사용한다.

20 정보통신망을 통하여 유통되는 유해정보 중에서 권리침해정보에 해당하지 않는 것은?

① 사행성 정보
② 명예훼손 정보
③ 초상권침해 정보
④ 사생활침해 정보

유형 02 일반검색 I

문항	배점	출제기준
1문항 출제 (문제 3)	각 10점 30점	기본상식 및 시사, 역사 등 새로운 지식습득에 관련된 검색

기출 유형 미리보기

■ 일반검색 I   각 10점

문제 3 다음 노벨상 수상자와 수상연도에 해당하는 〈보기〉의 번호를 답안지에 적으시오(번호).

3-1) 류샤오보 [劉曉波 | Liu Xiaobo] ·· (   )

3-2) 폴 새뮤얼슨 [Paul Anthony Samuelson] ······························ (   )

3-3) 김대중 [金大中] ·· (   )

・보기・
① 1970년   ② 1980년   ③ 1990년   ④ 2000년   ⑤ 2010년

 ITQ 시험에서는...

- 블로그, 지식iN 등 개인이 작성한 페이지에는 잘못된 정보가 등록될 수도 있기 때문에 관련기관, 공공기관 등 해당 정보를 직접적으로 제공하는 곳에서 검색을 해야 정확한 답안을 작성할 수 있다.
- 핵심 키워드를 찾아 검색하며, 답안에 정확히 작성하는 것이 중요하다.

01 인터넷 기본/시사상식 검색

기본지식 및 시사 등 새로운 지식을 습득할 수 있는 문제로 폭넓게 출제가 되고 있으니 최신 이슈 등 관련 내용을 알아봅니다.

01 검색 사이트에서 정보 검색하기

문제 3 다음 노벨상 수상자와 수상연도에 해당하는 〈보기〉의 번호를 답안지에 적으시오(번호).

❶ 문제에서 검색할 핵심 단어나 문구를 찾은 후 검색 사이트(www.naver.com)를 이용해 검색하도록 합니다.

검색 사이트
- 다음(www.daum.net)
- 구글(www.google.co.kr)

❷ 검색을 통해 '류샤오보'를 찾았다면 노벨상 수상 연도를 확인 후 답안을 작성합니다. 이어서 '폴 새뮤얼슨', '김대중'을 차례로 검색하여 답안을 작성합니다.

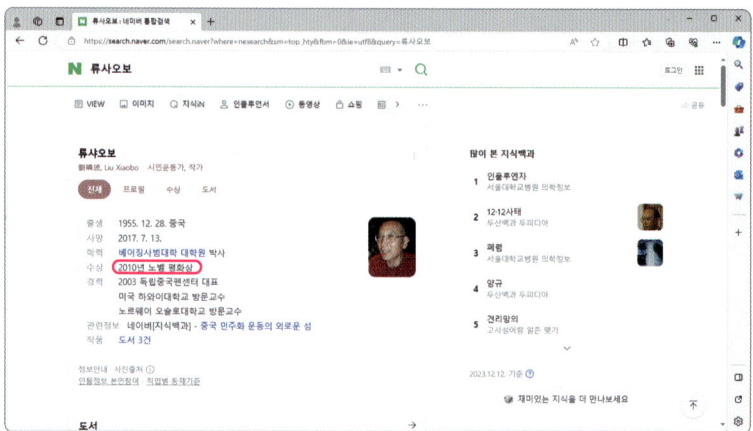

유형 02 기출 유형 따라잡기

01 다음 만해문학상의 수상작품명을 〈보기〉에서 찾아 해당 번호를 답안지에 적으시오(번호).

1-1) 제20회 만해문학상 수상작 ·· (   )
1-2) 제23회 만해문학상 수상작 ·· (   )
1-3) 제29회 만해문학상 수상작 ·· (   )

- 보기 -
① 소설 쓰는 밤   ② 밤의 눈   ③ 소년이 온다   ④ 푸른 혼   ⑤ 빛의 제국

02 제21회 부산국제영화제 수상작품명을 〈보기〉에서 찾아 해당 번호를 답안지에 적으시오(번호).

2-1) 뉴 커런츠상 ·· (   )
2-2) 선재상 ·· (   )
2-3) 비프메세나상 ·· (   )

- 보기 -
① 꿈의 제인   ② 옆집   ③ 환절기   ④ 아버지의 마지막 선택   ⑤ 아는 사람

03 다음 대한민국의 국가무형문화재 명칭을 〈보기〉에서 찾아 해당 번호를 답안지에 적으시오(번호).

3-1) 제17호 ·· (   )
3-2) 제27호 ·· (   )
3-3) 제47호 ·· (   )

- 보기 -
① 경기민요   ② 고성오광대   ③ 궁시장   ④ 봉산탈춤   ⑤ 승무

04 다음 책 제목의 ISBN을 〈보기〉에서 찾아 해당 번호를 답안지에 적으시오(번호).

4-1) 식당 골라주는 남자 ·· (   )
4-2) 힘 있는 말하기 ··· (   )
4-3) 엄마도 학부모는 처음이야 ·· (   )

- 보기 -
① 9791187444046   ② 9788952777591   ③ 9788947541633
④ 9791160500585   ⑤ 9791187059165

05 다음 노벨문학상 수상 작가를 〈보기〉에서 찾아 해당 번호를 답안지에 적으시오(번호).

5-1) 1985년 노벨문학상 ·· (   )
5-2) 2008년 노벨문학상 ·· (   )
5-3) 2014년 노벨문학상 ·· (   )

- 보기 -
① 앨리스 먼로   ② 클로드 시몽   ③ 귄터 그라스
④ 파트리크 모디아노 ⑤ 장마리 귀스타브 르 클레지오

06 제37회 청룡영화제 수상작품명을 〈보기〉에서 찾아 해당 번호를 답안지에 적으시오(번호).

6-1) 음악상 ··· (   )
6-2) 미술상 ··· (   )
6-3) 단편영화상 ·· (   )

- 보기 -
① 아가씨   ② 내부자들   ③ 곡성   ④ 여름밤   ⑤ 아수라

07 다음 2016년 아카데미상(미국 영화 시상식)의 수상자를 〈보기〉에서 찾아 해당 번호를 답안지에 적으시오(번호).

7-1) 감독상 ·· (   )
7-2) 남우주연상 ·· (   )
7-3) 남우조연상 ·· (   )

- 보기 -
① 레오나르도 디카프리오   ② 덴절 워싱턴   ③ 마크 라이런스
④ 알레한드로 곤잘레스 이냐리투   ⑤ 마크 플랫

08 다음 고은(Ko Un) 시인의 문학상 수상연도를 〈보기〉에서 찾아 해당 번호를 답안지에 적으시오(번호).

8-1) Lifetime Achievement Prize, Griffin Fund for Excellence in Poetry, Canada
     (캐나다 그리핀 트러스트상) ·· (   )
8-2) 6th North-South International Literature Prize, Pescara, Italy
     (이탈리아 국제시문학상) ·· (   )
8-3) Swedish Literary Prize "the Cikada Prize"(스웨덴 문학상) ··········· (   )

- 보기 -
① 2006년   ② 2008년   ③ 2012년   ④ 2014년   ⑤ 2017년

09 공항철도 일반열차 구간의 요금(일반(성인), 선·후불 교통카드 기준)을 〈보기〉에서 찾아 해당 번호를 답안지에 적으시오(번호).

9-1) 계양역 - 김포공항역 ·· (   )
9-2) 공덕역 - 운서역 ··· (   )
9-3) 영종역 - 청라국제도시역 ··· (   )

- 보기 -
① 1,050원   ② 1,400원   ③ 2,850원   ④ 3,450원   ⑤ 4,850원

10 다음 국가의 통화 단위를 〈보기〉에서 찾아 해당 번호를 답안지에 적으시오(번호).

10-1) 아랍에미리트 ·· (   )
10-2) 파키스탄 ··· (   )
10-3) 이스라엘 ··· (   )

• 보기 •
① 디나르(dinar)   ② 디르함(dirham)   ③ 루피(rupee)   ④ 포린트(forint)   ⑤ 셰켈(shekel)

11 다음 사적 문화재 지정번호에 해당하는 문화재의 이름을 〈보기〉에서 찾아 해당 번호를 답안지에 적으시오(번호).

11-1) 사적 제117호 ·· (   )
11-2) 사적 제122호 ·· (   )
11-3) 사적 제124호 ·· (   )

• 보기 •
① 창덕궁   ② 덕수궁   ③ 창경궁   ④ 경복궁   ⑤ 종묘

12 제18회 전주국제영화제 수상작을 〈보기〉에서 찾아 해당 번호를 답안지에 적으시오(번호).

12-1) 국제경쟁 대상 ·· (   )
12-2) 한국경쟁 대상 ·· (   )
12-3) 한국단편경쟁 대상 ·· (   )

• 보기 •
① 인 비트윈   ② 폭력의 씨앗   ③ 샘   ④ 가까이   ⑤ 라이플

유형 03 일반검색 Ⅱ

문항	배점	출제기준
2문항 출제 (문제 4~5)	각 50점	• 인터넷 및 웹과 관련된 일반/전문용어 검색 • 각종 통계 자료의 검색을 통해 정답을 기술하는 문제

기출 유형 미리보기

■ 일반검색 Ⅱ   각 50점

문제 4 온라인상에서 타인에게 미치는 영향력의 정도를 표현한 것으로, 개인의 소셜 네트워크 서비스(SNS)를 포함한 온라인 활동과 다양한 주제에 대한 영향력을 평가해 숫자로 반영한 것을 의미하는 용어를 검색하시오(정답, URL).

문제 5 2014년 2월부터 5개월간 달러당 76원이나 내렸던 원-달러 환율이 7월 3일 최저점을 기록한 이후 다시 상승세를 이어갔다. 한국은행 경제통계시스템 기준으로 2014년 7월 3일의 미국 달러화(USD)에 대한 최종 매매기준율(원/달러(종가))을 검색하시오(정답).

ITQ 시험에서는...

• 일반검색 Ⅱ의 문제4 정답 및 URL(정답을 확인할 수 있는 최종 URL 기재)과 문제5 정답을 답안파일에 정확히 기록해야 합니다.

4	정답	소셜 스코어 또는 Social score
	URL	https://terms.naver.com/entry.naver?docId=2454770&cid=42346&categoryId=42346

5	정답	1008.50

• 정보 검색은 신뢰성 있는 사이트(공식 웹페이지, 백과사전, 지식사전 등)만을 이용해야 합니다.
• 개인 홈페이지나 블로그, 지식 검색(예 : 지식iN, 위키피디아 등)과 같이 개인의 의견이 들어 있는 사이트, 첨부 파일은 정답으로 인정하지 않습니다.
• 일반 정보 검색 중 통계 검색은 다양한 통계 자료가 등록되어 있는 사이트를 이용하여 문제에서 요구하는 정답을 기재하도록 합니다.

유형잡기 01 인터넷 기본/시사상식 검색

기본 지식 및 시사 등 새로운 지식을 습득할 수 있는 문제로 폭넓게 출제가 되고 있으니 최신 이슈 등 관련 내용을 알아봅니다.

01 검색 사이트에서 정보 검색하기

문제 4 온라인상에서 타인에게 미치는 영향력의 정도를 표현한 것으로, 개인의 소셜 네트워크 서비스(SNS)를 포함한 온라인 활동과 다양한 주제에 대한 영향력을 평가해 숫자로 반영한 것을 의미하는 용어를 검색하시오(정답, URL).

❶ 문제에서 검색할 핵심 단어나 문구를 찾은 후 검색 사이트(www.naver.com)를 이용해 검색하도록 합니다.

❷ 검색결과를 확인하여 정확한 정답이 맞는지 확인합니다.

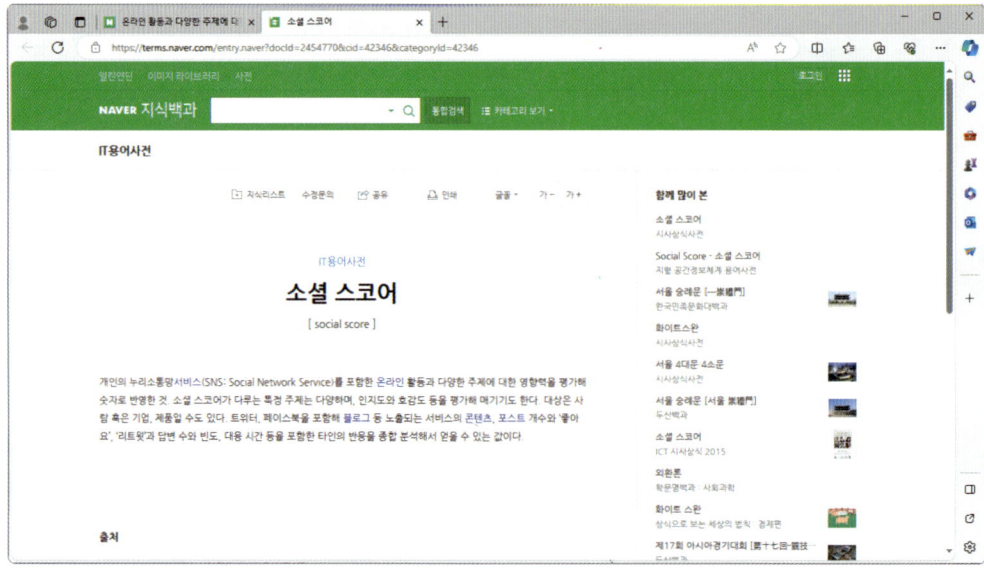

02 답안 파일에 URL과 정답 작성하기

❶ URL을 복사하기 위해 웹페이지를 마우스 오른쪽 단추로 누르고 [공유] 메뉴를 선택합니다. 그리고 [공유] 대화 상자가 나타나면 [링크 복사]를 클릭합니다.

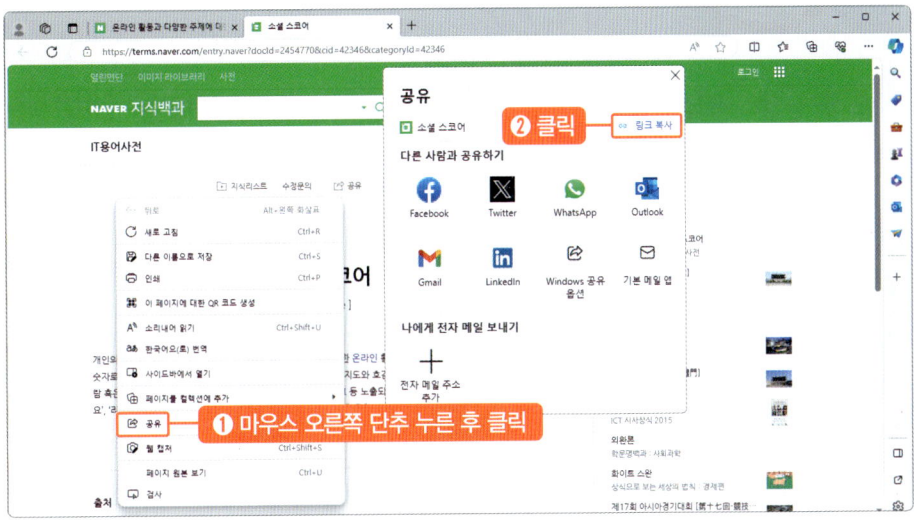

❷ 정답 란에 용어를 입력합니다. 그리고 답안 파일의 URL 란에서 마우스 오른쪽 단추를 누른 후 [붙이기] 메뉴를 선택합니다.

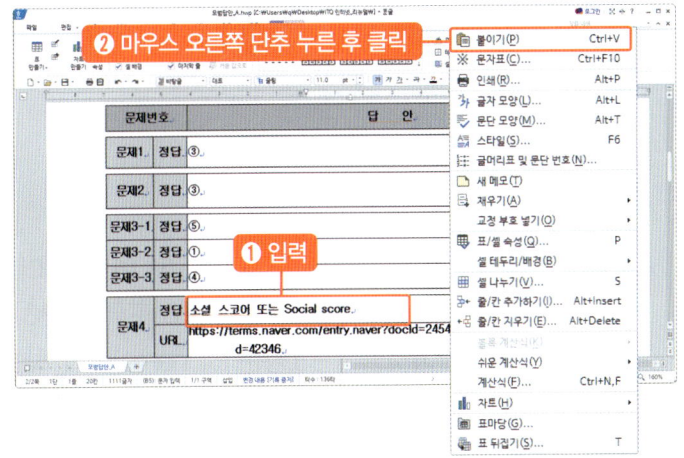

❸ [HTML 문서 붙이기] 대화 상자가 나타나면 '데이터 형식 선택'에서 '텍스트 형식으로 붙이기'를 선택하고 [확인]을 클릭합니다.

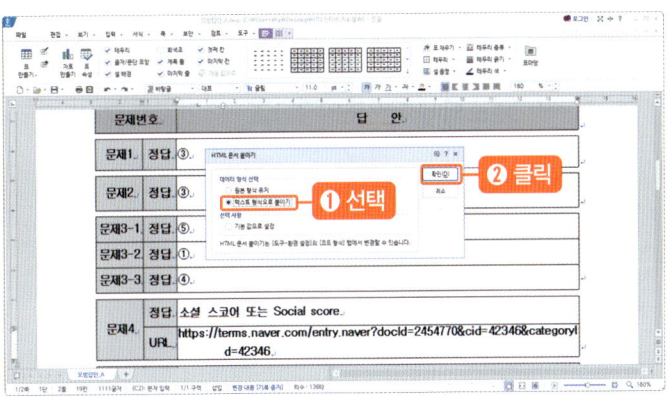

기출 유형 따라잡기

01 일정기간 사용 후 대금을 지불하는 셰어웨어와는 달리 상용 소프트웨어 버전에서 몇 가지 핵심 기능을 제거한 채 배포되며, 사용 기간에도 제약이 없는 소프트웨어이다. 잠정적 고객에게 견본 제품을 제공하여 판매를 유도하기 위한 것으로 이것을 <u>무엇</u>이라 하는지 검색하시오(정답, URL).

02 인터넷상에서 동의 없이 컴퓨터에 침입하는 악성 소프트웨어의 하나로 사용자에게 주기적으로 소프트웨어를 등록하도록 요구하는 소프트웨어이다. 정식으로 등록되지 않은 소프트웨어라는 것을 화면에 표시하도록 만든 이것을 <u>무엇</u>이라 하는지 검색하시오(정답, URL).

03 출판자 또는 저작권자가 그들이 배포한 디지털 자료나 하드웨어의 사용을 제어하고 이를 의도한 용도로만 사용하도록 제한하는 데 사용되는 모든 기술들을 지칭하는 용어다. 이것을 <u>무엇</u>(영문 full name)이라 하는지 검색하시오(정답, URL).

04 데이터 은폐 기술 중 하나로 전달하려는 기밀 정보를 이미지 파일이나 MP3 파일 등에 암호화해 숨기는 기술을 <u>무엇</u>(영문)이라 하는지 검색하시오(정답, URL).

05 사전에 공격 대상에 대한 정보를 수집한 후 방문할 가능성이 있는 합법적 웹사이트를 미리 감염시킨 뒤 잠복하면서 피해자의 컴퓨터에 악성코드를 추가로 설치하는 공격을 무엇이라 하는지 검색하시오(정답, URL).

06 기기 간 데이터 전송을 위한 USB 케이블 단자의 위아래가 동일한 24핀의 USB로 삼성전자의 갤럭시노트7과 LG전자의 G5부터 이 방식을 적용하고 있다. 이것은 무엇인지 검색하시오(정답, URL).

07 발광 다이오드(LED)에서 나오는 빛의 파장을 이용하여 정보를 전달하는 가시광 통신(VLC; Visible Light Communication) 기술의 보조 방식으로 보안성이 뛰어나고, 인체에도 해가 없으며, 허가도 필요 없지만 거리와 전송용량에 제약이 있다. 이것은 무엇인지 검색하시오(정답, URL).

08 프로그램, 문서, 웹사이트 등에서 사용자의 탐색 경로를 시각적으로 제공해주는 그래픽 사용자 인터페이스로 헨젤과 그레텔 동화에서 자취를 남기기 위해 떨어뜨린 빵부스러기에서 이름을 인용하였다. 이것을 무엇(영문 full name)이라 하는지 검색하시오(정답, URL).

유형잡기 02 통계 검색

웹 사이트를 이용해 다양한 통계 자료를 검색하여 [문제5]에서 요구하는 수치, 통계 등에 대한 정답을 기재해봅니다.

01 검색 사이트에서 정보 검색하기

문제 5 2014년 2월부터 5개월간 달러당 76원이나 내렸던 원-달러 환율이 7월 3일 최저점을 기록한 이후 다시 상승세를 이어갔다. 한국은행 경제통계시스템 기준으로 2014년 7월 3일의 미국 달러화(USD)에 대한 <u>최종 매매기준율</u>(원/달러(종가))을 검색하시오(정답).

① 문제에서 검색할 핵심 단어('한국은행 경제통계시스템')를 찾은 후 검색 사이트(www.naver.com)를 이용해 검색하도록 합니다.

- 국가통계포털(kosis.kr)
- 한국은행 경제통계시스템(ecos.bok.or.kr)
- 교육통계서비스(kess.kedi.re.kr)
- 기상청 날씨누리(weather.go.kr)

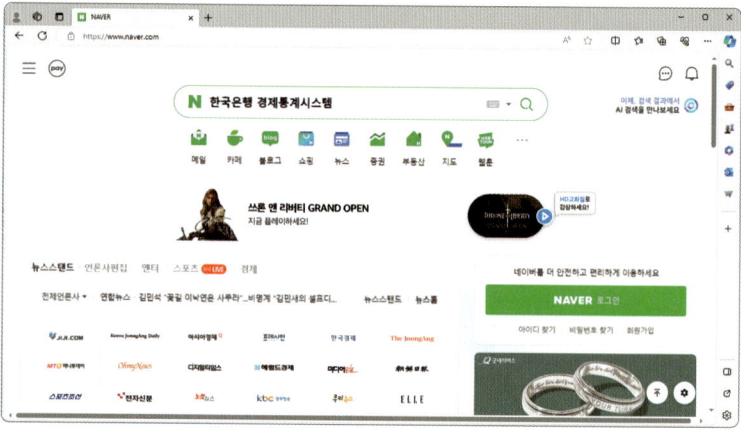

② 해당 사이트에서 문제에서 제시한 조건을 찾을 수 있는 검색 웹으로 이동합니다.

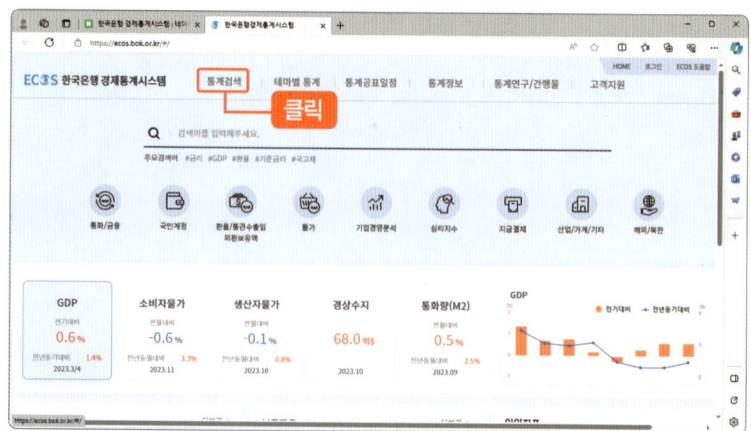

❸ 정확한 정답을 위해 문제에서 제시한 조건에 맞는 분류를 선택하여 조회합니다.

| 조건 |
① 원-달러 환율　　　② 원/달러(종가)　　　③ 2014년 7월 3일

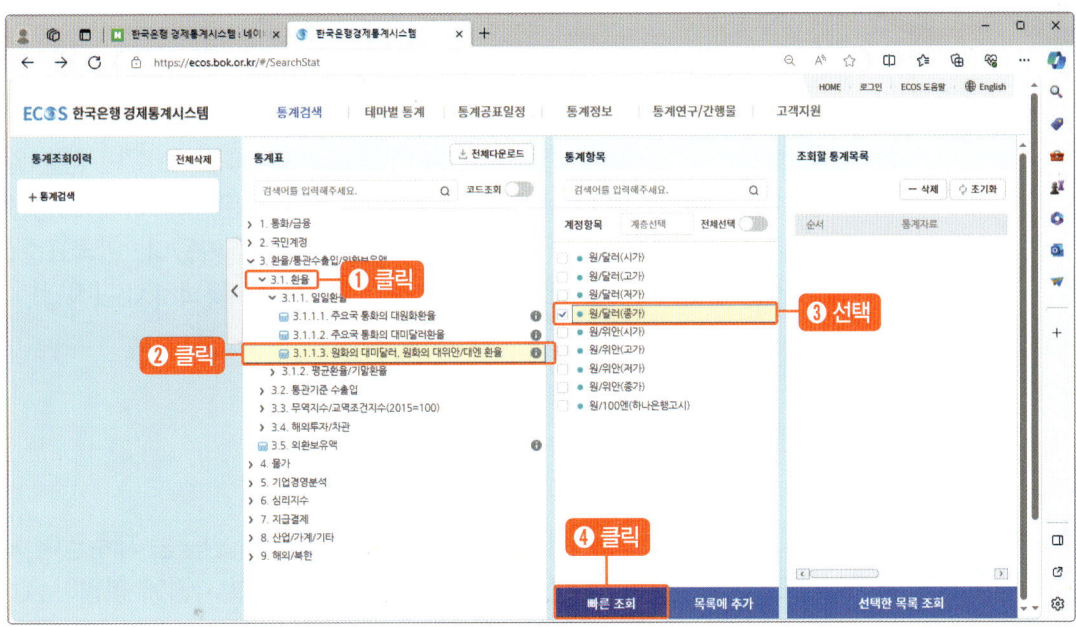

❹ 문제에서 제시된 날짜를 설정하고 조회된 금액을 정확히 답안에 작성합니다.

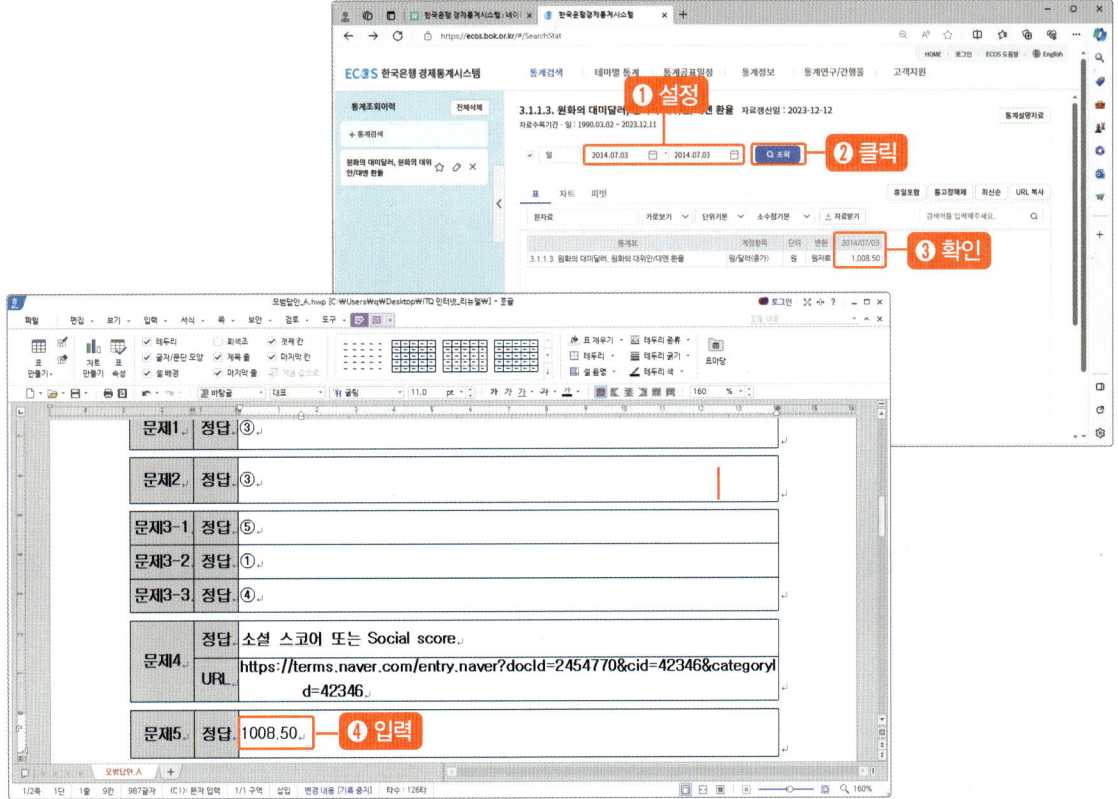

유형 03 기출 유형 따라잡기

01 조세 부과, 사회보험 적용, 공공요금 책정 등의 기준이 되는 한국표준산업분류(KSIC)가 2007년 9차 개정이후 10년 만에 10차 개정되어 고시하고 2017년 7월 1일부터 시행할 계획이다. 이번 개정으로 제조업, 전기업 내 세세분류에 미래 성장산업이 추가됐다. 김치, 도시락류 제조업도 세세분류에 새롭게 추가됐다. 한국표준산업분류(KSIC)에서 현재(10차 개정) 김치류 제조업의 <u>분류코드</u>를 검색하시오(정답).

02 2011년까지 감소세를 보이던 제주특별자치도 서귀포시의 인구는 제주영어 교육도시, 제주혁신도시, 헬스케어타운, 신화역사공원 등 대규모 개발사업에 힘입어 2012년부터 해마다 늘고 있다. 통계청(출처: 행정안전부 주민등록 인구통계)에서 2016년 12월 제주특별자치도 <u>총인구수</u>(단위: 명)를 검색하시오(정답).

03 지난 4월 전체 수출 물량 증가에도 불구하고, 반도체·석유화학 수출단가 하락, 중국 경기 둔화 등 경기적 요인이 지속되어 4월 수출이 감소세를 기록했다. 통계청 e-나라지표 수출입동향에서 <u>2019년 4월의 수입액</u>(단위: 억불)을 검색하시오(정답).

04 2017년 1월 경북 경주시 남남서쪽 11km 지역에서 지진이 발생했다. 이번 지진은 2016년 9월 12일 발생한 규모 5.8지진 이후 560번째 여진으로 기록됐으며, 2017년 1월 중 가장 강력한 지진이었다. 이 지진의 <u>지진규모</u>(기상청 발표 기준)를 검색하시오(정답).

05 경칩(驚蟄)은 24절기의 하나로, 날씨가 따뜻하여 각종 초목의 싹이 트고 겨울잠을 자던 동물들이 땅 위로 나오려고 꿈틀거린다고 하여 이런 이름이 생겨났다. 기상청 인제 무인관서에서 관측한 2017년 경칩의 <u>일최고기온</u>(단위: ℃)을 검색하시오(정답).

06 통계청은 2017년 6월부터는 기존 가계동향 조사를 바탕으로 한 지니계수 산출을 더 이상 하지 않기로 하고 대신 2017년 12월부터 가계금융복지 조사를 기반으로 한 '새 지니계수'를 발표할 계획이다. 통계청(e나라지표) 소득분배(지니계수) – 처분가능소득(세후) 기준에서 2015년 <u>지니계수</u>(가계동향:전체가구)를 검색하시오(정답).

07 2017년 4월의 문을 연 첫날 우리나라 최대의 벚꽃 축제인 진해 군항제에는 벚꽃이 활짝 피었으나 같은 날 강원 산간에는 봄꽃 대신 가지마다 탐스러운 눈꽃을 피웠다. 기상청 강원도 영월 무인관서에서 관측한 2017년 4월 1일 <u>최저기온</u>(단위: ℃)을 검색하시오(정답).

08 전라남도 해남군의 합계출산율(15~49살 가임여성 1명당 평균 출생아 수)은 2011년 1.524명에서, 이듬해 2.470명으로 껑충 뛰어올라 2012년 이후 4년 연속 합계출산율 전국 1위를 기록했다. 통계청 국가통계포털 시군구/합계출산율에서 2015년 해남군 <u>합계출산율</u>(단위: 명)을 검색하시오(정답).

유형 04 가로·세로 정보 검색

문항	배점	출제기준
3문항 출제 (문제 6~8)	각 30점	• 일반 상식 및 초·중·고 학습 과정 안에 포함된 다양한 내용 검색 • 3문제가 퍼즐 형식으로 출제되어 답을 찾아 해결해야 함

기출 유형 미리보기

■ 가로·세로 정보 검색

각 30점

※ 아래 각 문제의 설명을 읽고 가로·세로에 알맞은 단어를 답안에 기재하시오(정답).

문제 6 (세로) 창경궁 월근문 동쪽으로 '국립과학관'이 준공된 이후 창경궁과 담장을 쌓고 창경궁과 과학관 사이에 문이 만들어졌다. 현판에 쓰인 이 문의 이름을 검색하시오.

문제 7 (세로) 예전에, 여러 사람을 모조리 매로 때리는 일을 이르던 말을 검색하시오.

문제 8 (가로) '수레에서 덧방나무와 바퀴가 서로 의지한다.'는 뜻으로, 서로 도와서 의지하는 깊은 관계를 이르는 말의 사자성어를 검색하시오.

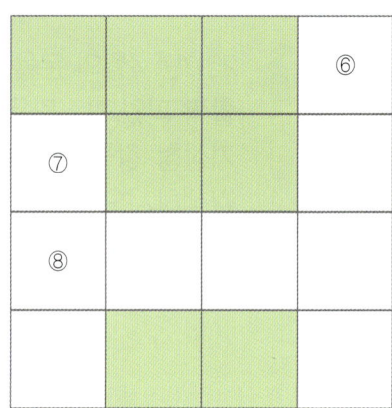

 ITQ 시험에서는...

- 가로·세로 정보 검색은 3문제가 출제되고 있으며, 배점은 각 30점씩 총 90점입니다.
- 일반 정보 검색(4번, 5번 문제)과는 달리 답안 파일에 URL은 기재할 필요가 없습니다. 검색을 통해 찾은 정답을 정확히 기재하도록 합니다.

유형잡기 01 가로 · 세로 정보 검색

초·중·고 교과과정 학습 과목과 관련 있는 내용 및 각종 일반 상식에 해당하는 문제가 퍼즐 형식으로 출제되고 있으니 관련내용을 알아봅니다.

01 검색 사이트에서 정보 검색하기

문제 6 (세로) 창경궁 월근문 동쪽으로 '국립과학관'이 준공된 이후 창경궁과 담장을 쌓고 창경궁과 과학관 사이에 문이 만들어졌다. 현판에 쓰인 이 문의 이름을 검색하시오.

❶ 정확한 정답을 위해 문제에서 제시한 조건에 맞는 분류를 선택하여 조회합니다.

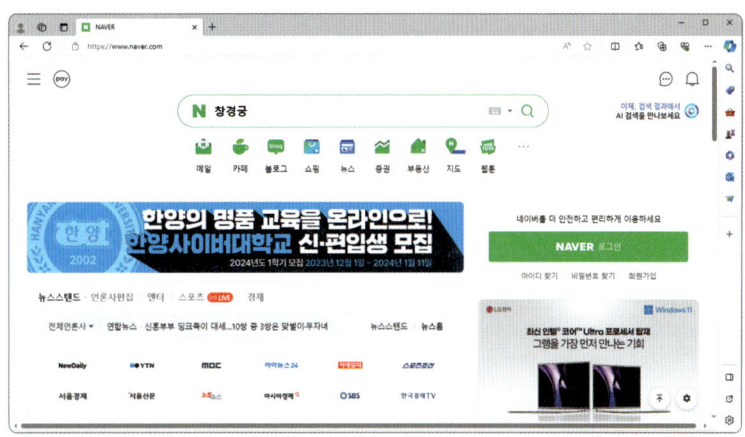

❷ 신뢰성 있는 사이트에서 조건에 해당하는 정답을 찾습니다.

| 조건 |
- 월근문 동쪽 창경궁과 과학관 사이에 만들어진 문의 현판에 쓰인 문의 이름

유형 04 _ 가로 · 세로 정보 검색 **037**

❸ 검색으로 조건에 당하는 정답을 찾았다면 답안 파일의 정답 란에 '과학의 문'을 입력합니다.

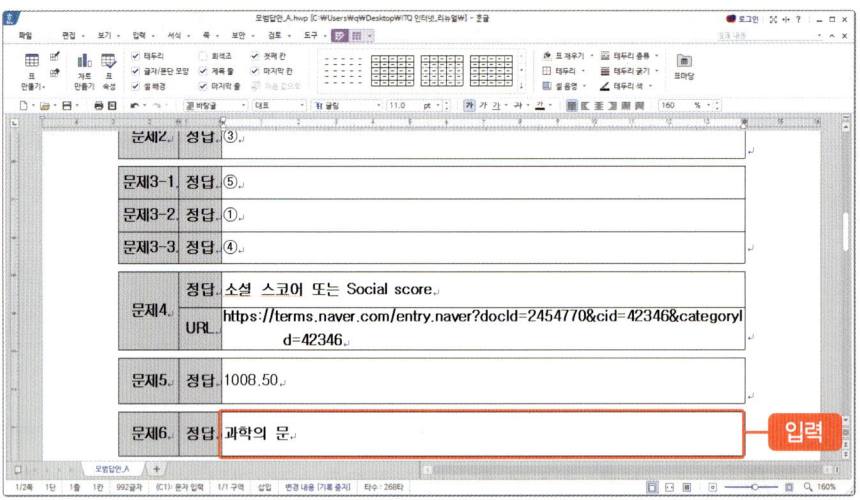

❹ 차례대로 7번, 8번 문제도 검색 사이트를 이용해 검색한 후 정답을 찾아 답안 파일에 정답을 기재하도록 합니다.

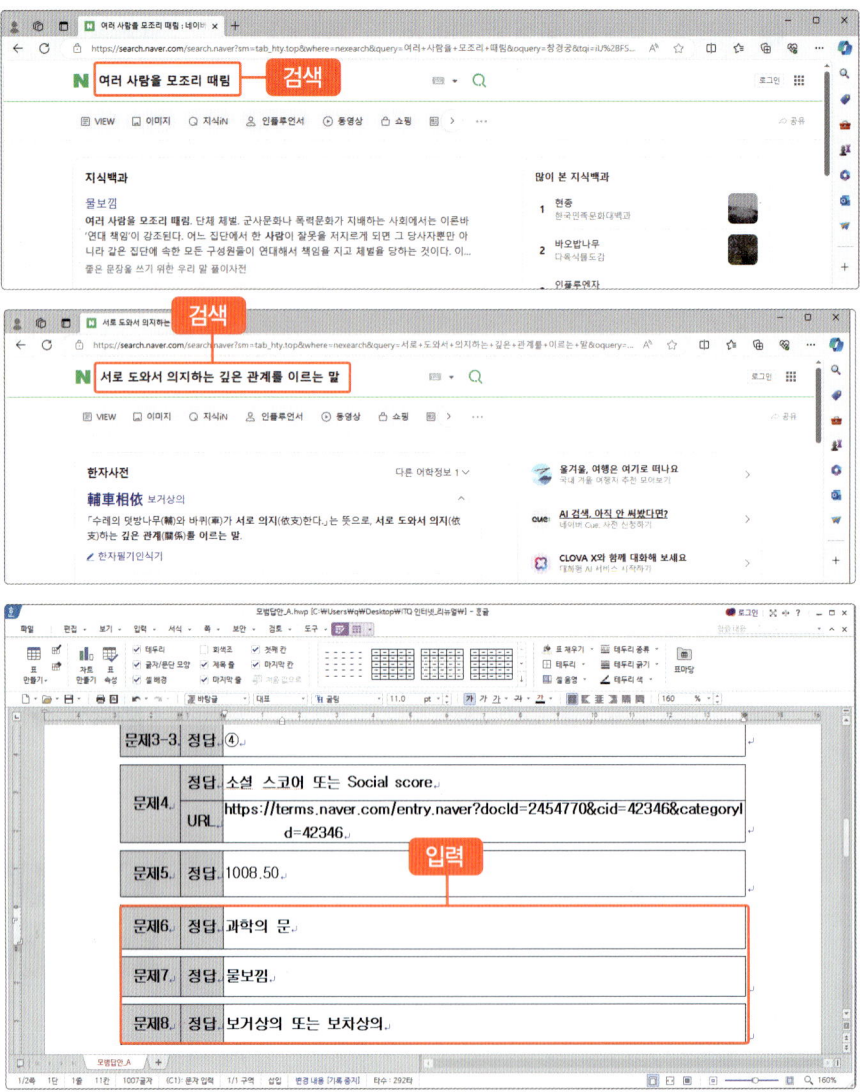

유형 04 기출 유형 따라잡기

01 아래 각 문제의 설명을 읽고 가로·세로에 알맞은 단어를 답안에 기재하시오(정답).

❶ (세로) '성미가 침착하지 못하고 덜렁대는 사람'을 이르는 우리말을 검색하시오.

❷ (가로) 효자가 죽은 부모를 너무 슬피 사모하여 병이 나고 혹은 죽음을 뜻하는 사자성어를 검색하시오.

❸ (세로) 1900년에 제작된 덕수궁 평면도를 통해서 현재의 덕홍전 자리에 명성 황후의 신위를 모시던 혼전(魂殿)이 있었음을 확인할 수 있다. 이 혼전의 이름을 검색하시오.

02 아래 각 문제의 설명을 읽고 가로·세로에 알맞은 단어를 답안에 기재하시오(정답).

❶ (세로) '은근히 동정하는 마음'을 이르는 우리말을 검색하시오.

❷ (가로) '이리 새끼는 사람이 길들이려고 해도 본래의 야성 때문에 좀체 길들여지지 않는다'는 말로서, 흉포한 사람이나 신의가 없는 사람은 쉽게 교화시킬 수 없음을 이르는 사자성어를 검색하시오.

❸ (세로) 저절로 말라 죽은 소나무를 무엇이라 하는지 검색하시오.

03 아래 각 문제의 설명을 읽고 가로·세로에 알맞은 단어를 답안에 기재하시오(정답).

❶ (세로) '돌고기의 새끼'를 이르는 우리말을 검색하시오.

❷ (가로) 누구에게나 늘 좋은 낯으로 대하며, 무사태평(無事太平)한 사람을 일컫는 사자성어를 검색하시오.

❸ (세로) 대한제국 광무 6년에 평양에 지은 고종황제의 이궁으로 이후에 동인의원으로 용도가 바뀌어 사용되었다. 이 궁의 이름을 검색하시오.

04 아래 각 문제의 설명을 읽고 가로·세로에 알맞은 단어를 답안에 기재하시오(정답).

❶ (세로) '밥을 먹을 때에 숟가락을 적시는 것'이라는 뜻으로, 국, 찌개와 같이 국물이 있는 음식을 이르는 우리말을 검색하시오.

❷ (세로) 조선시대 초상화 화가로 유명한 이재관이 그린 초상화로 오사모를 쓰고 분홍 시복을 입은 정면 반신상으로 배경은 없다. 국가지정 보물문화재로 지정되어 있고 국립중앙박물관(서울 용산구)에 소장되어 있는 이 초상화의 인물은 누구인지 성명을 검색하시오.

❸ (가로) '귀로 들어온 것을 마음속에 붙인다'라는 뜻으로, 들은 것을 마음속에 간직하여 잊지 않음을 의미하는 사자성어를 검색하시오.

05 아래 각 문제의 설명을 읽고 가로·세로에 알맞은 단어를 답안에 기재하시오(정답).

❶ (세로) 조선 시대에 주로 내전 침실의 등불 켜기, 불 때기, 담뱃대·재떨이의 청소 따위의 잡일을 맡아보던 곳을 <u>무엇</u>이라 했는지 검색하시오.

❷ (가로) '귀밑머리를 풀어 쪽을 찌고 상투를 튼 부부'라는 뜻으로, 정식으로 결혼한 부부를 이르는 <u>사자성어</u>를 검색하시오.

❸ (세로) '어떤 일이나 물건 따위가 아주 망가져서 도무지 손을 쓸 수 없게 된 상태'를 이르는 <u>우리말</u>을 검색하시오.

06 아래 각 문제의 설명을 읽고 가로·세로에 알맞은 단어를 답안에 기재하시오(정답).

❶ (세로) '부끄러운 줄도 모르고 뻔뻔한 데가 있는 모양'을 이르는 <u>우리말</u>을 검색하시오.

❷ (세로) 고구려 때 있었던 관직의 하나로, 작은 성의 우두머리를 이른다. 이 관직의 <u>이름</u>을 검색하시오.

❸ (가로) '마음이 넓고 자유로워 사물에 구애되지 않는다.'라는 뜻으로, 남의 언동을 받아들이려 하는 마음의 준비가 있어 인간적이고 의지할 만함을 이르는 <u>사자성어</u>를 검색하시오.

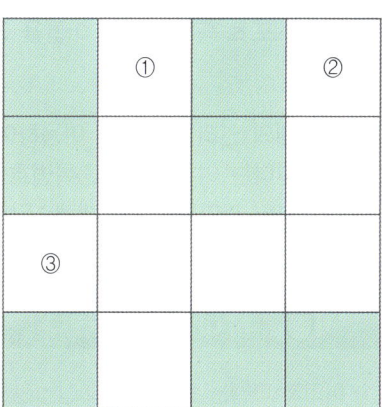

유형 05 실용검색

문항	배점	출제기준
3문항 출제 (문제 9~11)	각 50점	• 특정 이미지 파일을 검색하여 찾은 후 캡처하여 답안으로 제출하는 문제 • 실생활에서 많이 사용되는 사이트 및 검색 관련 문제

기출 유형 미리보기

■ 실용검색   　　　　　　　　　　　　　　　　　　　　　　　　　　　　　　　각 50점

문제 9 길찾기 서비스(포털 및 전문 검색사이트)를 이용하여 신촌역(경의중앙선)에서 연세대학교 신촌캠퍼스 정문을 도보로 가는 경로를 찾아 전체화면을 캡처하여 답안 파일에 붙여 넣으시오. (이미지 크기 150mm x 100mm)

문제 10 제17회 인천아시아경기대회 기념우표가 지난 7월 31일 발행되었다. 우표 디자인 소재로 사용된 스포츠 종목(5개)의 이름을 검색하시오(정답).

문제 11 해외 인터넷 쇼핑을 이용하여 물품을 구매할 경우 구매대행업체나 특송업체에서는 세관에서 요구한다는 이유로 주민등록번호를 수집하여 왔으나 관세청에서는 개인정보보호를 위하여 2011년 12월부터 주민등록번호 대체수단인 제도를 운용해 오고 있다. 이 제도의 이름을 검색하시오(정답).

ITQ 시험에서는...

• 이미지 파일을 답안 파일에 삽입한 후 반드시 조건에 지정된 크기로 변경해야 합니다.
  – 삽입한 이미지를 더블클릭한 후 [개체 속성] 대화상자-[기본] 탭에서 크기 변경

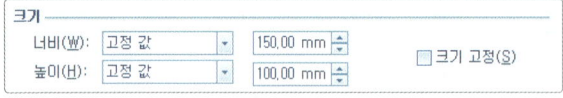

• 이미지의 개체 속성으로 '문서에 포함'이 반드시 지정되어 있어야 합니다.
  – 문서에 포함 : [개체 속성] 대화상자-[그림] 탭에서 확인을 정확히 기재하도록 합니다.

• 만약 복사한 이미지에 불필요한 부분이 있다면 〈출력형태〉와 같도록 이미지를 잘라냅니다.
  – 방법 1 : 그림이 선택된 상태에서 Shift +드래그를 이용합니다.
  – 방법 2 : [그림] 도구 모음에서 '자르기( )' 도구를 이용합니다.

유형 잡기 01 지도 검색

특정 이미지 파일을 검색한 후 답안으로 제출하는 문제입니다. 텍스트 검색에만 국한하지 않고 다양한 콘텐츠를 검색해봅니다.

01 지도 검색하기

문제 9 길찾기 서비스(포털 및 전문 검색사이트)를 이용하여 신촌역(경의중앙선)에서 연세대학교 신촌캠퍼스 정문을 도보로 가는 경로를 찾아 전체화면을 캡처하여 답안 파일에 붙여 넣으시오. (이미지 크기 150mm x 100mm)

① 각 포털 사이트에서 제공하는 지도를 이용해 길찾기를 합니다.

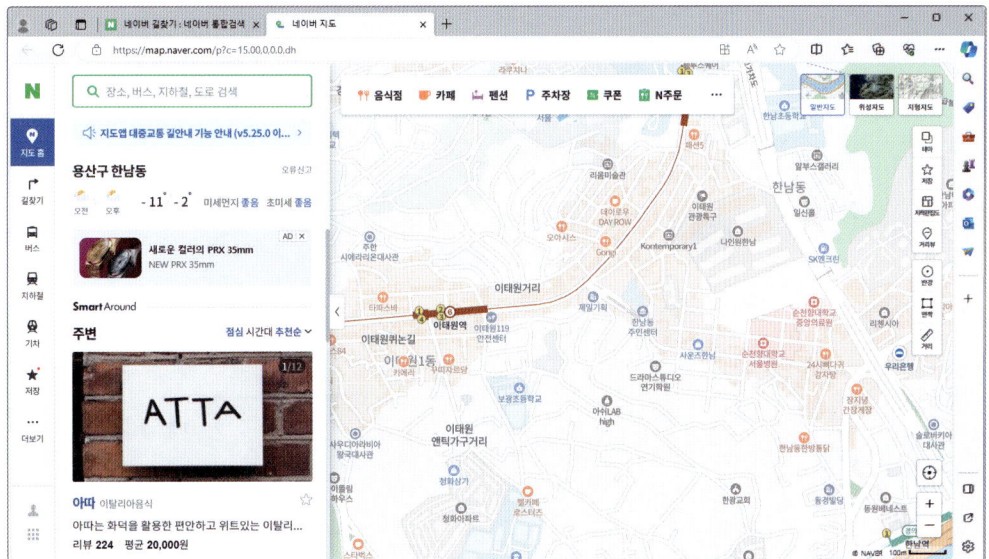

 내공 빵빵

- 네이버 지도(map.naver.com)
- 카카오 지도(map.kakao.com)

❷ 문제에서 제시한 조건을 입력하여 길찾기를 시작합니다.

| 조건 |
① 출발 : 신촌역(경의중앙선) 출구   ② 도착 : 연세대학교 신촌캠퍼스 정문   ③ 검색 : 도보

❸ 결과가 화면에 출력되면 Print Screen 키를 눌러 이미지를 캡처합니다.

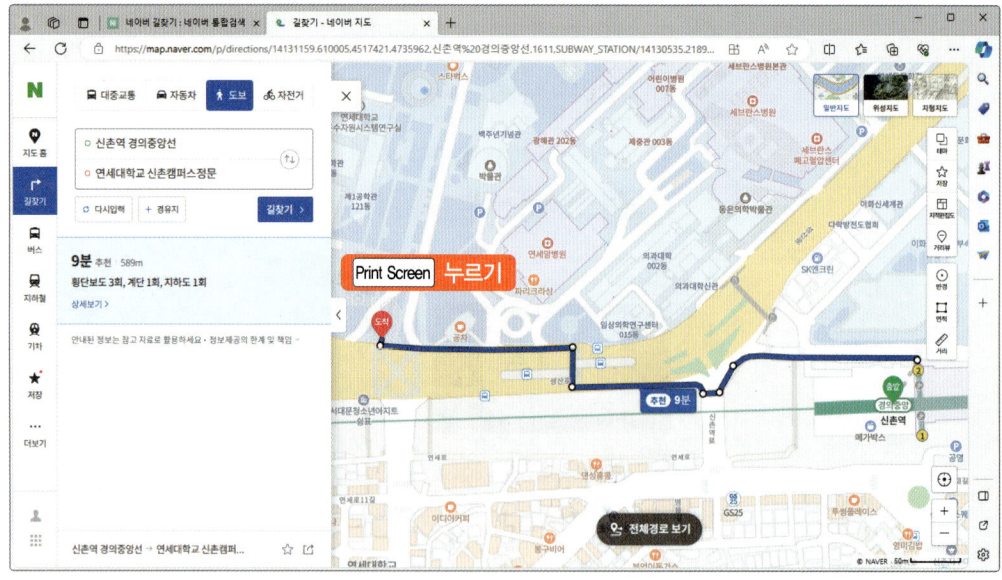

이미지 검색 문제는 일반적으로 지하철 노선도, 도보 등 길찾기 문제가 출제되고 있습니다.

02 답안 작성하기

① 문제 9 정답 란을 클릭하고 Ctrl+V를 눌러 캡처한 이미지를 붙여 넣습니다.

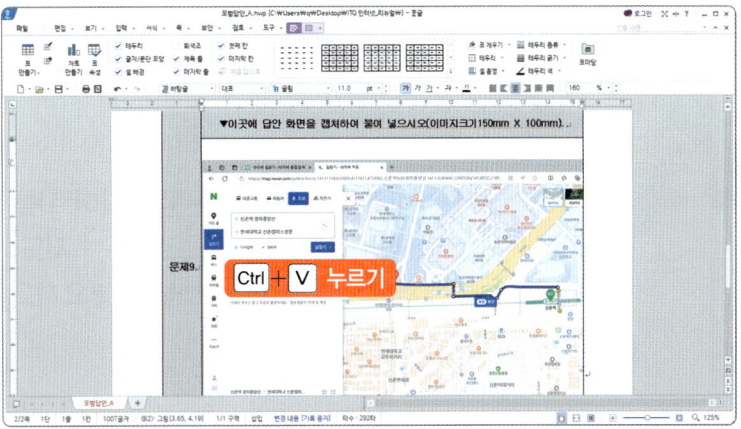

② 만약 불필요한 부분이 있다면 그림이 선택된 상태에서 Shift+드래그를 이용하여 필요 없는 부분을 삭제하고 이미지를 더블 클릭한 후 [개체 속성] 대화상자-[기본] 탭에서 조건에 해당하는 너비와 높이를 입력합니다.

| 조건 |
- 이미지 크기 150mm x 100mm

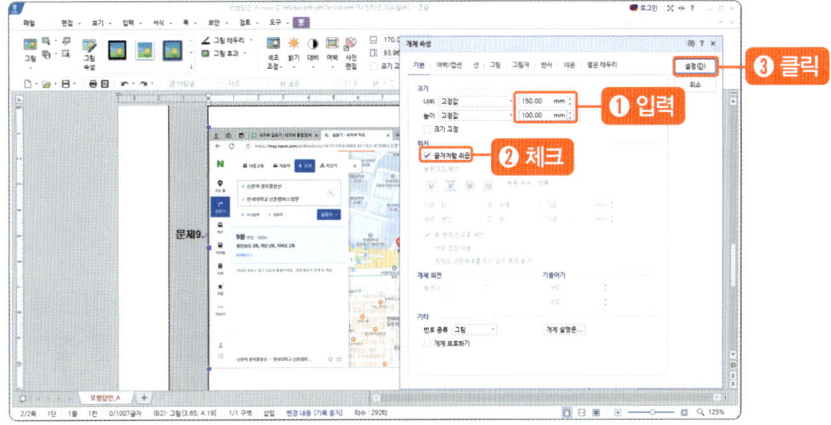

③ [개체 속성] 대화상자-[그림] 탭을 선택하여 '문서에 포함'이 선택되어 있는지 확인합니다.

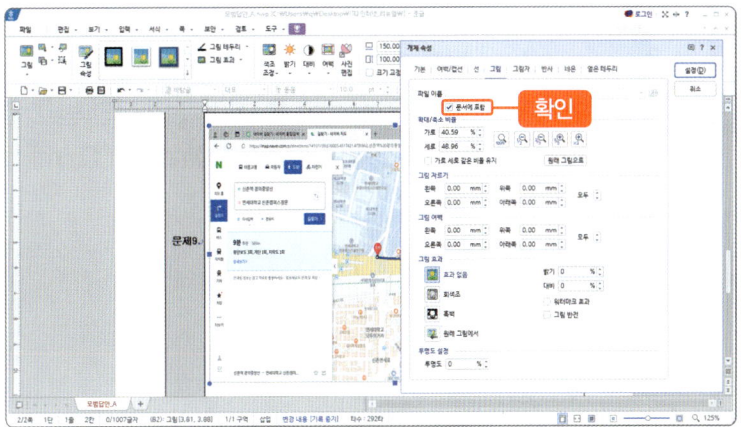

유형 05 기출 유형 따라잡기

01 길 찾기 서비스(포털 및 전문 검색사이트)를 이용하여 대구 대명역 1번 출구에서 대구문화예술회관 입구를 도보로 가는 지도 경로를 찾아 전체화면(경로 검색화면 포함)을 캡처하여 답안 파일에 붙여 넣으시오(이미지 크기 150mm x 100mm).

02 버스 노선 경로 찾기 서비스(포털 및 전문 검색사이트)를 이용하여 대전광역시 617(간선)번 버스의 전체 노선 경로를 찾아 전체화면(번호 검색화면 포함)을 캡처하여 답안 파일에 붙여 넣으시오(이미지 크기 150mm x 100mm).

03 길 찾기 서비스(포털 및 전문 검색사이트)를 이용하여 서울 서초역 4번 출구에서 효령대군묘를 도보로 가는 지도 경로를 찾아 전체화면(경로 검색화면 포함)을 캡처하여 답안 파일에 붙여 넣으시오(이미지 크기 150mm x 100mm).

04 버스 노선 경로 찾기 서비스(포털 및 전문 검색사이트)를 이용하여 인천510(지선)번 버스의 전체 노선 경로를 찾아 전체화면(번호 검색화면 포함)을 캡처하여 답안 파일에 붙여 넣으시오(이미지 크기 150mm x 100mm).

05 길 찾기 서비스(포털 및 전문 검색사이트)를 이용하여 서울 덕성여자고등학교 정문에서 헌법재판소 입구를 도보로 가는 지도 경로를 찾아 전체화면(경로 검색화면 포함)을 캡처하여 답안 파일에 붙여 넣으시오(이미지 크기 150mm x 100mm).

06 버스 노선 경로 찾기 서비스(포털 및 전문 검색사이트)를 이용하여 수원310(일반)번 버스의 전체 노선 경로를 찾아 전체화면(번호 검색화면 포함)을 캡처하여 답안 파일에 붙여 넣으시오(이미지 크기 150mm x 100mm).

07 버스 노선 경로 찾기 서비스(포털 및 전문 검색사이트)를 이용하여 군산43(일반)번 버스의 전체 노선 경로를 찾아 전체화면(번호 검색화면 포함)을 캡처하여 답안 파일에 붙여 넣으시오(이미지 크기 150mm x 100mm).

08 길 찾기 서비스(포털 및 전문 검색사이트)를 이용하여 과천시청에서 안양시청을 자동차로 가는 지도 경로를 찾아 전체화면(길 찾기 검색화면 경로 포함)을 캡처하여 답안 파일에 붙여 넣으시오(이미지 크기 150mm x 100mm).

유형잡기 02 정보 검색

실생활에서 자주 사용하거나 찾게 되는 내용을 검색하여 답안을 제출하는 문제입니다. 관련 사이트에서 정확한 정보를 찾아봅니다.

01 검색 사이트에서 정보 검색하기

문제 10 제17회 인천아시아경기대회 기념우표가 지난 7월 31일 발행되었다. 우표 디자인 소재로 사용된 스포츠 종목(5개)의 이름을 검색하시오(정답).

문제 11 해외 인터넷 쇼핑을 이용하여 물품을 구매할 경우 구매대행업체나 특송업체에서는 세관에서 요구한다는 이유로 주민등록번호를 수집하여 왔으나 관세청에서는 개인정보보호를 위하여 2011년 12월부터 주민등록번호 대체수단인 제도를 운용해 오고 있다. 이 제도의 이름을 검색하시오(정답).

❶ 문제에서 검색할 핵심 단어나 문구를 찾은 후 검색 사이트(www.naver.com)를 이용해 검색하도록 합니다.

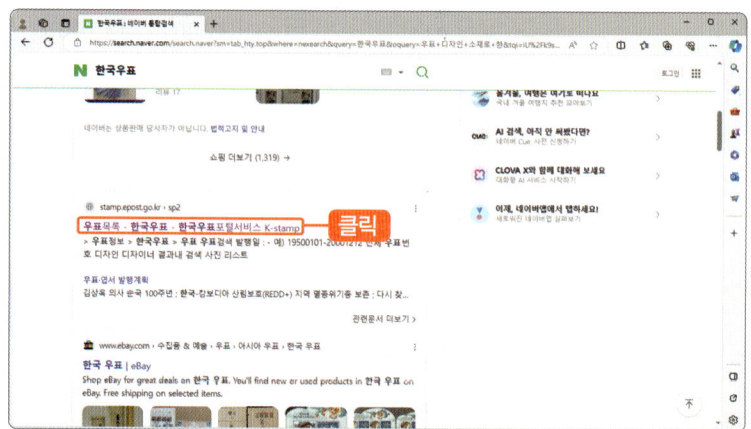

❷ 한국우표포털서비스 홈페이지에서 [우표정보]-[한국우표]를 클릭합니다.

❸ 검색창에 '제17회 인천아시아경기대회'를 입력하여 검색을 하면 우표가 검색되어 화면에 보여집니다.

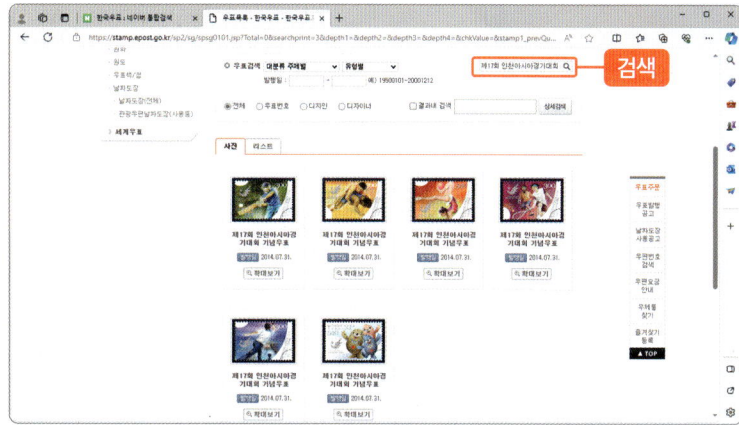

❹ 검색된 각 우표를 클릭하여 해당 정보를 확인하고 정답을 찾아 답안에 정확이 옮겨 작성합니다.

❺ 11번 문제도 검색 사이트를 이용해 검색한 후 정답을 찾아 답안 파일에 기재하도록 합니다.

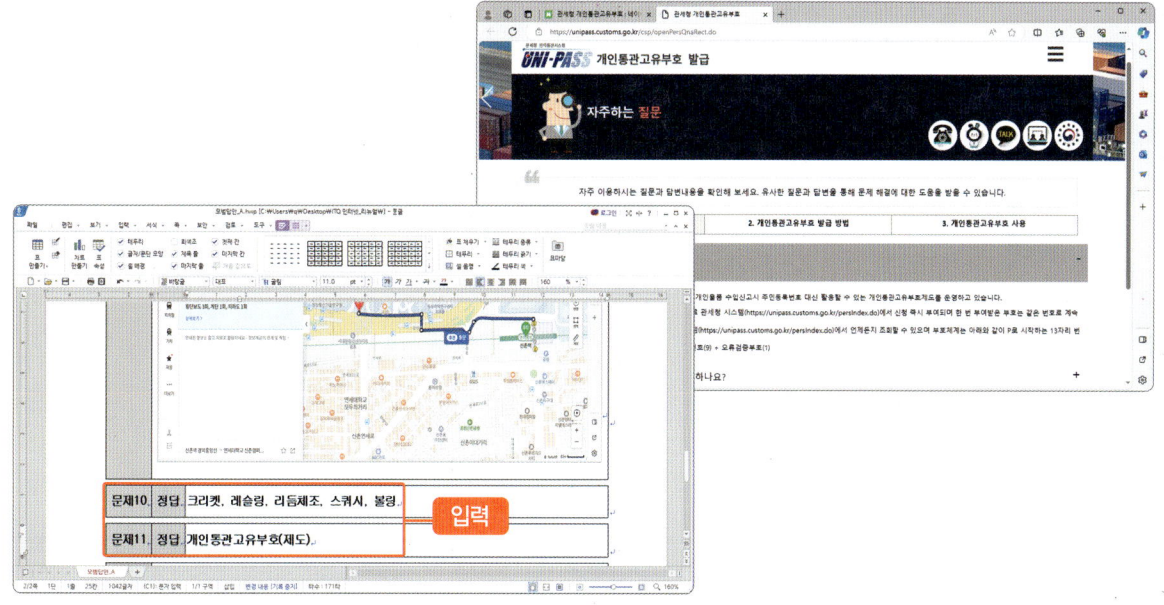

유형 05 _ 실용검색 049

유형 05 기출 유형 따라잡기

01 서울시는 서울시민 공통의 기억과 감성을 지닌 근현대 서울의 유산 가운데 미래세대에 남길 만한 가치가 있는 것을 '서울미래유산'으로 지정하고 보전하기 위한 사업을 진행 중이다. 미래유산 체험코스에서 '민주주의를 위한 함성 4·19혁명'의 1코스가 무엇인지 검색하시오(정답).

02 강원도 원주시에는 한국문단의 기념비적인 작품으로 칭송받고 있는 박경리 선생의 대하소설 〈토지〉를 주제로 조성된 박경리문학공원이 있다. 박경리 선생의 옛집을 공원화한 이곳은 소설 〈토지〉의 배경을 활용하여 3개의 테마로 구성되어 있는데 각각의 명칭을 검색하시오(정답).

03 제52호선 광주원주고속도로의 개통으로 서울에서 원주 간 이동이 원활해졌다. 한국도로공사 홈페이지에서 통행요금조회를 찾아 동서울(출발요금소)–둔내(도착요금소) 간 126.65km를 고속도로를 이용할 경우 1종(소형차)으로 구분되는 일반승용차의 통행 요금(현금 정상요금, 단위 : 원)을 검색하시오(정답).

04 365일 만화상상력이 가득한 한국만화박물관이 2023년 계묘년(癸卯年) 토끼의 해를 맞아 기획전시를 하고 있다. 2023년 7월 18일 기준 한국만화박물관 기획전시실에서 전시 중인 전시회의 이름(제목)을 검색하시오.

05 세종문화회관은 2017년 3월부터 2018년 2월까지 열릴 주요 공연일정을 발표했다. 2017년 3월 22일 개막작으로 세종대극장에서 공연되는 작품의 제목을 검색하시오(정답).

06 2017년 1월 2일 문화재청은 '월인천강지곡 권상'(月印千江之曲卷上), '평창 월정사 석조보살좌상'(平昌月精寺 石造菩薩坐像) 2건을 국가지정문화재 국보로 지정했다. 이중 '월인천강지곡 권상'(月印千江之曲卷上), 문화재의 소재지(주소)를 검색하시오(정답).

07 서울특별시 성북구 고려대로7길 120에 위치한 돈암동 성당 건물은 1950년대의 고딕양식 교회건축을 대표하는 건물로 서울미래유산으로 지정되어 있다. 이곳과 가장 가까운 버스정류장 번호를 검색하시오(정답).

08 지난 연말 경북 동해안과 내륙을 잇는 상주–영덕 고속도로 개통으로 수도권에서 반나절이 걸리던 영덕은 3시간이면 갈 수 있게 됐다. 한국도로공사 홈페이지에서 통행요금조회를 찾아 남안산(출발요금소)–영덕(도착요금소) 간 316.83km를 고속도로를 이용할 경우 1종(소형차)으로 구분되는 일반승용차의 통행 요금(현금 정상요금, 단위 : 원)을 검색하시오(정답).

09 건축계의 노벨상이라 불리는 프리츠커상(Pritzker Architecture Prize)은 "인류와 건축 환경에 일관적이고 의미 있는 기여를 한 생존 건축가를 기린다"는 취지로 1979년 제정됐다. 2017년 프리츠커상 공동 수상자(3명)의 성명을 검색하시오(정답).

10 지난 2013년 8월 30원 인상 이후 4년여 만에 우편요금이 30원씩 올랐다. 현재 국내 일반우편(통상, 규격) 요금은 25g 기준으로 얼마(단위: 원)인지 검색하시오.

유형 06 정보가공

문항	배점	출제기준
1문항 출제 (문제 12)	70점	• 수행평가 및 업무에서 활용 가능한 보고서 형식의 문제 • 앞선 문제들의 최종 종합 문제 형식의 검색 및 답안 작성

기출 유형 미리보기

※ 제시된 주제에 따라 답안을 완성하시오.   각 70점

문제 12 대한민국 국보 제1호 숭례문은 2008년 2월 10일 화재로 인하여 전소되었고, 5년 3개월에 걸친 복구 사업을 완료하고 2013년 개방되었다. 숭례문에 대한 정보를 검색하여 다음의 안내문 내용을 완성하시오.

답안

	대한민국 국보 제1호, 숭례문
(12-1) 숭례문 현판 이미지	(12-2) 숭례문의 <u>위치(주소)</u> (12-3) 숭례문의 <u>국보지정일(연월일)</u> (12-4) <u>서울의 4소문 명칭</u>

ITQ 시험에서는...

- 이미지의 개체 속성으로 '문서에 포함'이 반드시 지정되어 있어야 합니다.
  - 문서에 포함 : [개체 속성] 대화상자-[그림] 탭에서 확인

- 핵심 키워드를 찾아 검색을 하여 정답을 찾습니다.
- 찾아낸 정답을 각 정답을 작성하는 답안 파일에 정확히 입력합니다.

유형잡기 01 이미지 검색

특정 이미지 파일을 검색한 후 답안으로 제출해봅니다.

01 이미지 검색하기

문제 12 –1 숭례문 현판 이미지

① 문제에서 검색할 핵심 단어나 문구를 찾은 후 검색 사이트(google.co.kr)를 이용해 검색합니다.

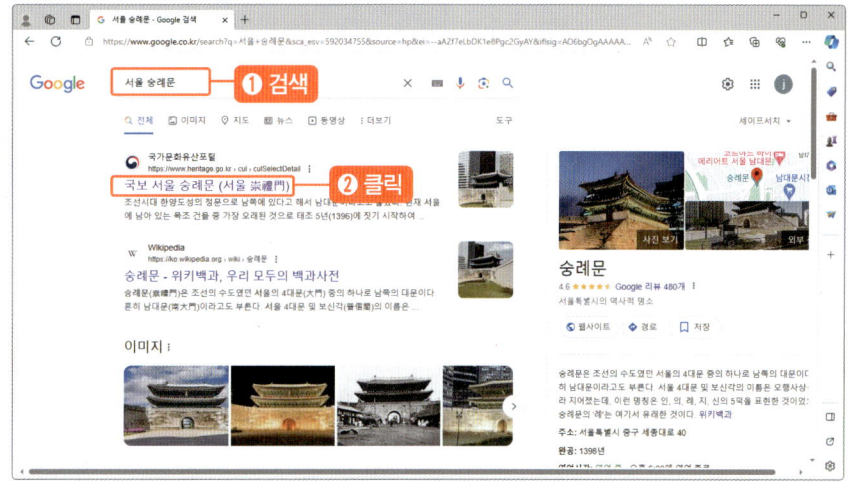

② 관련 이미지에서 '서울 숭례문 현판'을 찾아 클릭하고 '서울 숭례문 현판(2015) 파일다운받기'를 클릭합니다.

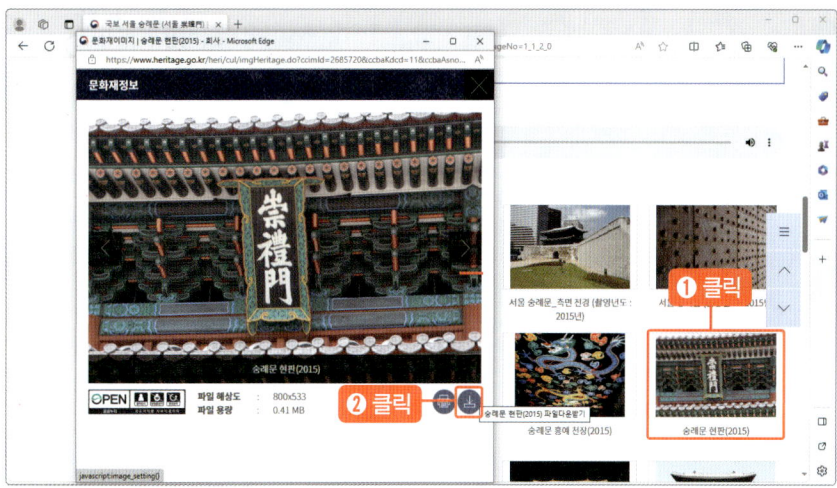

02 답안 작성하기

❶ 답안'(12-1)'에 커서를 두고 다운받은 그림을 삽입한 뒤 알맞은 크기로 수정합니다.

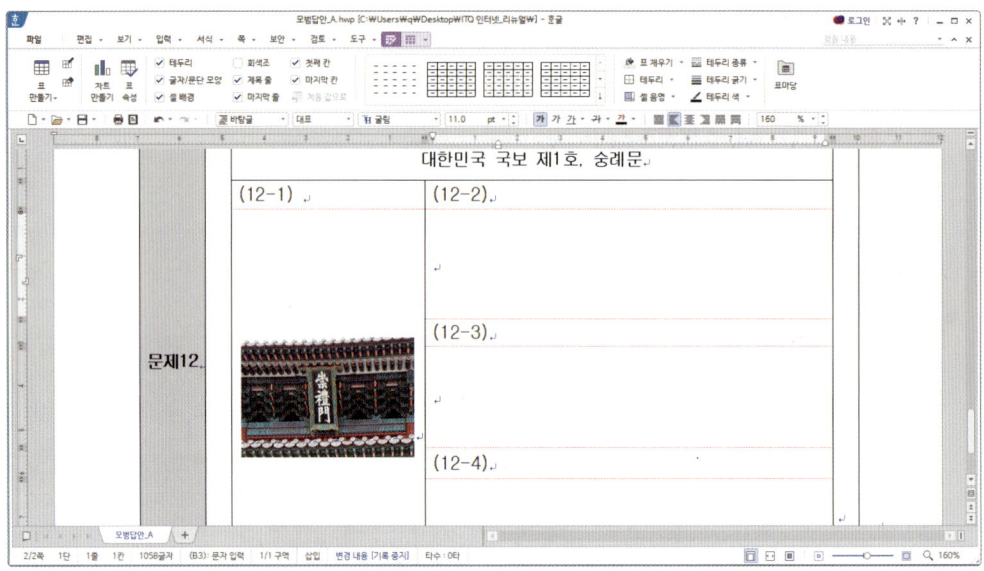

❷ [개체 속성] 대화상자 – [그림] 탭을 선택하여 '문서에 포함'이 선택되어 있는지 확인합니다.

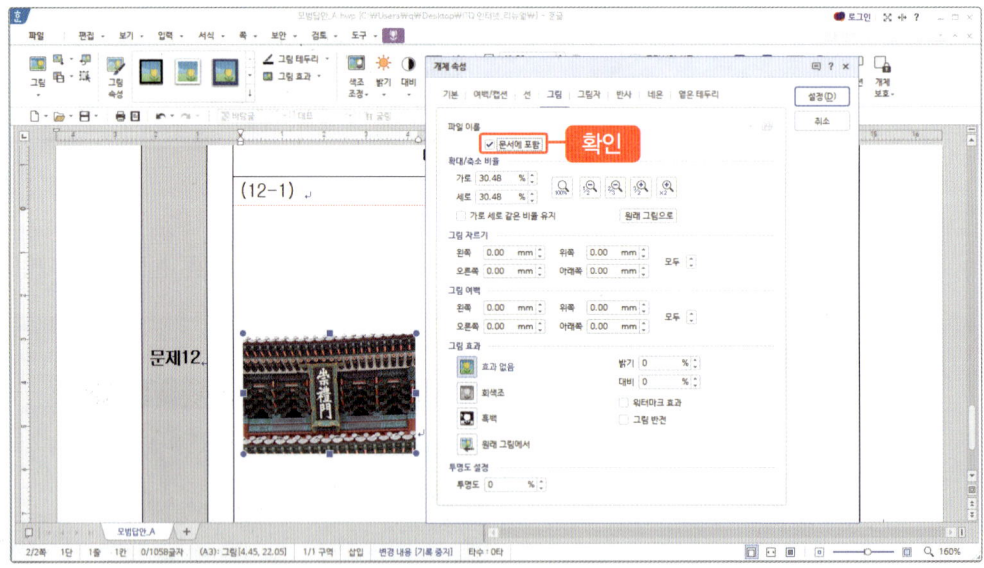

유형잡기 02 정보 가공하기

정보를 검색한 후 특정 내용만 답안으로 제출하는 문제입니다. 문제에서 제시한 정보를 검색한 정보에서 정확하고 빠르게 찾아봅니다.

01 정보 검색하기

문제 12
- 2 숭례문의 위치(주소)
- 3 숭례문의 국보지정일(연월일)
- 4 서울의 4소문 명칭

❶ 이전에 검색한 사이트에서 정보를 찾거나 검색 사이트(google.co.kr)에서 필요한 정보를 검색합니다.

❷ 문제에서 제시한 조건에 맞는 내용을 찾습니다.

유형 06 _ 정보가공

02 답안 작성하기

❶ 정답을 답안 파일에 정확히 기재하도록 합니다.

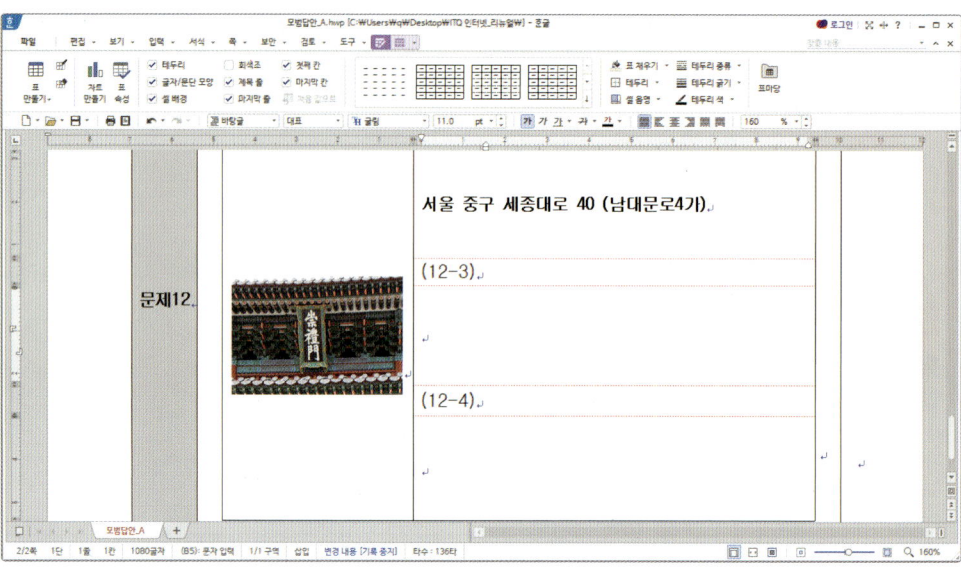

❷ (12-3), (12-4) 문제도 검색 사이트를 이용해 검색한 후 정답을 찾아 답안 파일에 기재하도록 합니다.

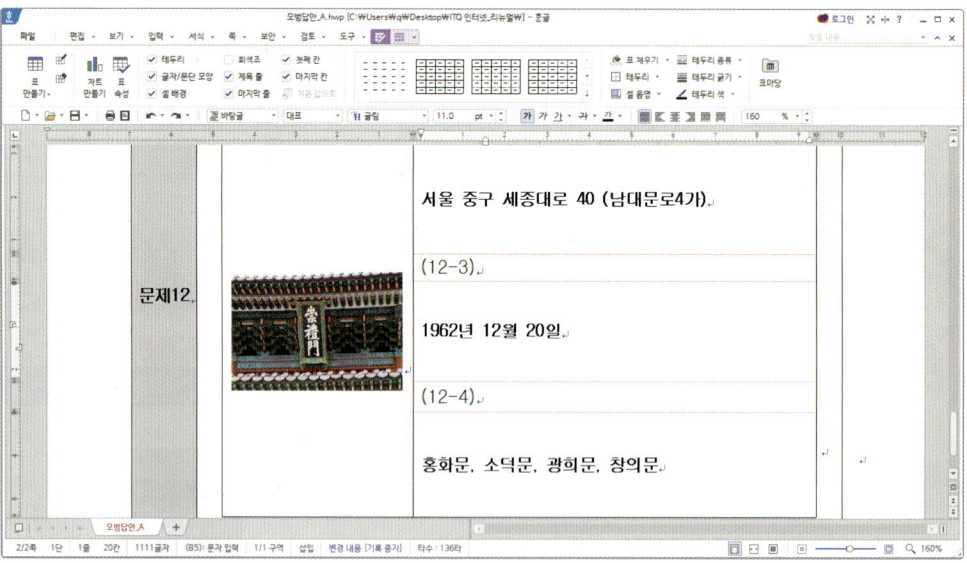

기출 유형 따라잡기

01 대한민국에서 열린 국제스포츠대회 중 온 국민을 축구에 대한 열정으로 가득하게 했던 2002년 한일월드컵에 대한 정보를 검색하여 다음의 안내문 내용을 완성하시오.

답안

2002 FIFA 대한민국·일본 월드컵 〈새 천년, 새 만남, 새 출발〉	
(1-1) 한일월드컵 엠블럼 <u>이미지</u>	(1-2) <u>대회 기간</u>(연월일) (1-3) <u>4강과 3, 4위전 장소</u>(한국의 도시명) (1-4) <u>4강 진출국</u>

02 선거관리위원회는 중앙, 시·도, 구·시·군, 읍·면·동 선거관리위원회의 4단계로 조직되어 있으며, 대통령선거와 임기만료에 따른 국회의원선거를 실시할 때마다 공관에 한시적으로 재외 선거관리위원회를 설치·운영한다. 선거 및 중앙선거관리위원회에 대한 정보를 검색하여 다음의 안내문 내용을 완성하시오.

답안

중앙선거관리위원회	
(2-1) 중앙선거관리위원회 캐릭터(참참, 바루, 알리) 이미지	(2-2) 중앙선거관리위원회 위원의 <u>구성인원 및 임기</u> (2-3) 중앙선거관리위원회 <u>도로명 주소</u>(영문표기) (2-4) 2017년 재보궐<u>선거일</u>(상반기)

03 전주국제영화제는 주류영화와는 다른 도전적이고 독창적인 영화를 발굴하고 적극 소개하면서 내실 있고 차별화된 전 세계 대안 독립영화의 중심 영화제로 자리매김 했다. 2017 전주국제영화제에 대한 정보를 검색하여 다음의 안내문 내용을 완성하시오.

답안

2017 전주국제영화제	
(3-1) 2017 전주국제영화제 공식 포스터(2종) <u>이미지</u>	(3-2) 2017 전주국제영화제 <u>슬로건</u>
	(3-3) 2017 전주국제영화제 국제경쟁 부문 대상 작품(제목)
	(3-4) 전주국제영화제 <u>폐막작</u>(제목)

04 비디오아트를 개척한 세계적인 현대미술가 백남준(1932~2006)의 예술과 삶을 살펴볼 수 있는 '백남준 기념관'이 '서울시립미술관' 주최로 개관되었다. 백남준 기념관에 대한 정보를 검색하여 다음의 안내문 내용을 완성하시오.

답안

세계적인 현대미술가 백남준	
(4-1) 서울시립미술관 M.I(MUSEUM IDENTITY) <u>이미지</u>(국문영문조합형)	(4-2) 백남준 기념관 <u>주소</u>(도로명 주소)
	(4-3) 백남준 기념관 <u>개관전 주제</u>
	(4-4) 백남준 기념관 <u>개관전 전시기간</u>(연월일)

PART 02

실전모의고사

제 01 회 실전모의고사	제 09 회 실전모의고사
제 02 회 실전모의고사	제 10 회 실전모의고사
제 03 회 실전모의고사	제 11 회 실전모의고사
제 04 회 실전모의고사	제 12 회 실전모의고사
제 05 회 실전모의고사	제 13 회 실전모의고사
제 06 회 실전모의고사	제 14 회 실전모의고사
제 07 회 실전모의고사	제 15 회 실전모의고사
제 08 회 실전모의고사	

실전모의고사

과목	코드	문제유형	시험시간	수험번호	성명
인터넷	1152	A	60분		

수험자 유의사항

- 수험자는 문제지를 받는 즉시 **응시하고자 하는 과목의 문제지가 맞는지 확인**하여야 합니다.
- 시험과 직접 관련이 없는 행위 즉, 각종 웹사이트 로그인, 댓글 달기, 게시, 자료 업로드 등의 행위 또는 답안 내역을 보조기억장치 및 기타 통신수단(게시판, 이메일, 메신저, 네트워크 등)을 이용하여 타인에게 전달 또는 외부로 반출하는 경우는 자격기본법 제32에 의거 부정행위로 간주되어 본 시험 및 국가공인 자격시험을 2년간 응시할 수 없습니다.
- 내 PC\문서\ITQ 폴더의 "답안파일-인터넷.hwp" 파일을 열어 파일 이름을 "수험번호-성명-인터넷.hwp"로 답안 폴더에 다시 저장한 후 답안 작성을 시작하여야 하며, 답안문서 파일명이 일치하지 않을 경우 실격 처리됩니다(예 : 12345678-홍길동-인터넷.hwp).
  (시험시 제공되는 답안파일 양식을 사용하지 않을 경우에는 0점 처리됨)
- 답안 작성을 마치면 파일을 저장하고, '답안 전송' 버튼을 선택하여 감독위원 PC로 답안을 전송하십시오. 수험자 정보와 저장한 파일명이 다를 경우 전송되지 않으므로 주의하시기 바랍니다.
- 답안 작성 중에도 **주기적으로 저장하고 답안을 전송**하여야 문제 발생을 줄일 수 있습니다. 작업한 내용을 저장하지 않고 전송할 경우 이전에 저장된 내용이 전송되오니 이점 유의하시기 바랍니다.
- 시험 중 부주의 또는 고의로 시스템을 파손한 경우는 수험자가 변상해야 하며, 〈수험자 유의사항〉에 기재된 방법대로 이행하지 않아 생기는 불이익은 수험자 당사자의 책임임을 알려 드립니다.
- 시험을 완료한 수험자는 답안파일이 전송되었는지 확인한 후 감독위원의 지시에 따라 문제지를 제출하고 퇴실합니다.

답안 작성요령

- 온라인 답안 작성 절차
  수험자 등록 ➡ 시험 시작 ➡ 답안파일 저장 ➡ 답안 전송 ➡ 시험 종료
- 시험 시작 전 시험과 무관한 프로그램의 실행을 중지시켜 주시기 바랍니다(채팅, 파일공유 등).
- 문제에 (정답)이라고 표시되어 있으면 정답만을 작성란에 기재하고, (정답, URL)이라고 표시되어 있으면 정답과 함께 URL을 반드시 기재하시기 바랍니다. 이를 준수하지 않을 경우 감점, 오답 처리 등 불이익이 있을 수 있습니다.
- 문제 번호에 따라 정답을 아래와 같이 답안파일에 정확히 기록하십시오.

과목	코드	문제유형	시험시간	수험번호	성명
인터넷	1152		60분		

문제번호		답안
문제6	정답	대한민국

- 4번 문제는 번호에 따라 정답과 URL을 아래와 같이 답안파일에 정확히 기록하십시오(URL은 정답을 확인할 수 있는 최종 URL을 기재하십시오).

4	정답	ITQ정보기술자격
	URL	https://www.kpc.or.kr/certification/index.asp

- 4번 문제의 경우 개인 홈페이지나 블로그, 지식 검색(예 : 지식iN, 위키피디아 등)과 같이 개인사견이 들어 있는 사이트, 첨부파일은 정답으로 인정하지 않습니다.
- 9번의 이미지 파일은 인터넷 답안지에 삽입한 후 반드시 지정된 이미지 크기로 변경하시기 바랍니다.
- 문제에서 제시한 단위, Full name 등의 조건에 맞도록 답안을 작성하시기 바랍니다.

인터넷 윤리 (60점, 각 30점)

※ 문제에 대한 적절한 내용의 번호를 골라 답안지에 기재하시오.

[문제 1] 다음 중 인터넷의 역기능이 아닌 것은?

① 인터넷 중독
② 개방성
③ 저작권 침해
④ 해킹

[문제 2] 인터넷 게시판 사용에 대한 예절로 옳지 않은 것은?

• 보기 •
① 게시판의 글은 명확하고 간결하게 쓴다.
② 다른 사람이 올린 글에 대해 지나친 반박은 삼간다.
③ 게시물에 질문을 하고 답변을 얻었으면 질문과 답변을 바로 삭제하고 나온다.
④ 게시물의 내용을 잘 설명할 수 있는 알맞은 제목을 사용한다.

인터넷 검색 (370점)

■ 일반검색 Ⅰ 각 10점

[문제 3] 다음 경주지역의 보물문화재 국가지정번호에 해당하는 명칭(이름)을 〈보기〉에서 찾아 해당 번호를 답안지에 적으시오(번호).

3-1) 보물 제65호 ·· (   )
3-2) 보물 제124호 ··· (   )
3-3) 보물 제1928호 ··· (   )

• 보기 •
① 경주 미탄사지 삼층석탑   ② 경주 남산동 동·서 삼층석탑   ③ 경주 용명리 삼층석탑
④ 경주 서악동 삼층석탑   ⑤ 경주 남산 천룡사지 삼층석탑

■ 일반검색 II 　　　　　　　　　　　　　　　　　　　　　　　　　　　　　　각 50점

[문제 4]　일반적으로 이동통신 시장에서 마케팅 용어로 3세대(3G), 4세대(4G), 5세대(5G)란 용어를 사용하지만, 국제 전기 통신 연합(ITU: International Telecommunication Union)에서는 3G, 4G, 5G 등 세대 구분 용어를 사용하지 않는다. ITU에서 채택한 5세대(5G) 이동 통신의 공식 명칭을 검색하시오(정답, URL).

[문제 5]　인구성장률은 인구주택총조사 결과를 기초로 인구변동요인을 반영하여 추계한 인구를 이용하여 산출한 것으로 총인구 수와 함께 인구의 변화를 파악하는 기본적 지표로 활용된다. 통계청 국가지표체계에서 2023년 인구성장률(단위: %)을 검색하시오(정답).

■ 가로 • 세로 정보검색 　　　　　　　　　　　　　　　　　　　　　　　　　각 30점

※ 아래 각 문제의 설명을 읽고 가로 · 세로에 알맞은 단어를 답안에 기재하시오(정답).

[문제 6]　(세로) '활발하여 부끄러워하지 않는 기운'을 이르는 우리말을 검색하시오.

[문제 7]　(가로) '사리 판단이 날카롭고 재능이 빛난다'는 뜻으로, 재주와 슬기가 불 일어나듯이 나타남을 이르는 사사성어를 검색하시오.

[문제 8]　(세로) "Animalia 〉 Chordata(척삭동물문) 〉 Aves(조강) 〉 Anseriformes(기러기목) 〉 Anatidae(오리과) 〉 Anas(오리속)"으로 분류되는 한국의 겨울철새로, 학명은 Anas querquedula Linnaeus이다. 이 새의 이름을 검색하시오.

■ **실용검색** 각 50점

[문제 9] 길 찾기 서비스(포털 및 전문 검색사이트)를 이용하여 광주광역시 <u>농성역 5번 출구</u>에서 <u>광주종합버스터미널(유.스퀘어)</u>을 도보로 가는 지도 경로를 찾아 전체화면(경로 검색화면 포함)을 캡처하여 답안 파일에 붙여 넣으시오(이미지 크기 150mm x 100mm).

[문제 10] 국내에서 가장 높은 롯데월드타워 서울 스카이에서는 수도 서울을 360도 뷰를 통해 한눈에 담을 수 있고 일본에서는 도쿄 스카이트리(Tokyo Sky Tree)에서 도쿄 시내를 전망할 수 있다. 도쿄 스카이트리 덴보데크(플로어 350m) 개인고객(성인) 당일권 평일 <u>요금</u>(단위: 엔)을 검색하시오.

[문제 11] 일제강점기 시절 성공한 사업가 삶을 뒤로하고 독립운동에 투신했던 김상옥 의사의 순국 100주년을 맞아 기념우표를 발행했다. 이 기념우표의 <u>디자이너</u>(성명)를 검색하시오(정답).

 정보 가공 (70점)

※ 제시된 주제에 따라 답안을 완성하시오.

[문제 12] 전국소년체육대회는 청소년들에게 스포츠를 통한 건강한 신체와 건전한 정신을 함양하는데 기여하는 것은 물론 새로운 유망주 발굴과 육성을 하는데 기반이 되어왔다. 제46회 전국소년체육대회에 대한 정보를 검색하여 다음의 안내문 내용을 완성하시오.

[답안]

제46회 전국소년체육대회	
(12-1) 충청남도(도청) 심벌마크 <u>이미지</u>	(12-2) 제46회 전국소년체육대회 <u>구호</u>(슬로건)
	(12-3) 제46회 전국소년체육대회 <u>대회일정</u>(월일)
	(12-4) 아산 이순신종합운동장 <u>주소</u>(도로명)

실전모의고사

과목	코드	문제유형	시험시간	수험번호	성명
인터넷	1152	B	60분		

수험자 유의사항

- 수험자는 문제지를 받는 즉시 **응시하고자 하는 과목의 문제지가 맞는지 확인**하여야 합니다.
- 시험과 직접 관련이 없는 행위 즉, 각종 웹사이트 로그인, 댓글 달기, 게시, 자료 업로드 등의 행위 또는 답안 내역을 보조기억장치 및 기타 통신수단(게시판, 이메일, 메신저, 네트워크 등)을 이용하여 타인에게 전달 또는 외부로 반출하는 경우는 자격기본법 제32에 의거 부정행위로 간주되어 본 시험 및 국가공인 자격시험을 2년간 응시할 수 없습니다.
- 내 PC₩문서₩ITQ 폴더의 "답안파일-인터넷.hwp" 파일을 열어 파일 이름을 "수험번호-성명-인터넷.hwp"로 답안 폴더에 다시 저장한 후 답안 작성을 시작하여야 하며, 답안문서 파일명이 일치하지 않을 경우 실격 처리됩니다(예 : 12345678-홍길동-인터넷.hwp).
  (시험시 제공되는 답안파일 양식을 사용하지 않을 경우에는 0점 처리됨)
- 답안 작성을 마치면 파일을 저장하고, '답안 전송' 버튼을 선택하여 감독위원 PC로 답안을 전송하십시오. 수험자 정보와 저장한 파일명이 다를 경우 전송되지 않으므로 주의하시기 바랍니다.
- 답안 작성 중에도 **주기적으로 저장하고 답안을 전송**하여야 문제 발생을 줄일 수 있습니다. 작업한 내용을 저장하지 않고 전송할 경우 이전에 저장된 내용이 전송되오니 이점 유의하시기 바랍니다.
- 시험 중 부주의 또는 고의로 시스템을 파손한 경우는 수험자가 변상해야 하며, 〈수험자 유의사항〉에 기재된 방법대로 이행하지 않아 생기는 불이익은 수험자 당사자의 책임임을 알려 드립니다.
- 시험을 완료한 수험자는 답안파일이 전송되었는지 확인한 후 감독위원의 지시에 따라 문제지를 제출하고 퇴실합니다.

답안 작성요령

- 온라인 답안 작성 절차
  수험자 등록 ➡ 시험 시작 ➡ 답안파일 저장 ➡ 답안 전송 ➡ 시험 종료
- 시험 시작 전 시험과 무관한 프로그램의 실행을 중지시켜 주시기 바랍니다(채팅, 파일공유 등).
- 문제에 (정답)이라고 표시되어 있으면 정답만을 작성란에 기재하고, (정답, URL)이라고 표시되어 있으면 정답과 함께 URL을 반드시 기재하시기 바랍니다. 이를 준수하지 않을 경우 감점, 오답 처리 등 불이익이 있을 수 있습니다.
- 문제 번호에 따라 정답을 아래와 같이 답안파일에 정확히 기록하십시오.

과목	코드	문제유형	시험시간	수험번호	성명
인터넷	1152		60분		

문제번호		답안
문제6	정답	대한민국

- 4번 문제는 번호에 따라 정답과 URL을 아래와 같이 답안파일에 정확히 기록하십시오(URL은 정답을 확인할 수 있는 최종 URL을 기재하십시오).

4	정답	ITQ정보기술자격
	URL	https://www.kpc.or.kr/certification/index.asp

- 4번 문제의 경우 개인 홈페이지나 블로그, 지식 검색(예 : 지식iN, 위키피디아 등)과 같이 개인사견이 들어 있는 사이트, 첨부파일은 정답으로 인정하지 않습니다.
- 9번의 이미지 파일은 인터넷 답안지에 삽입한 후 반드시 지정된 이미지 크기로 변경하시기 바랍니다.
- 문제에서 제시한 단위, Full name 등의 조건에 맞도록 답안을 작성하시기 바랍니다.

 인터넷 윤리 (60점, 각 30점)

※ 문제에 대한 적절한 내용의 번호를 골라 답안지에 기재하시오.

[문제 1] 인터넷 게임 중독 예방지침으로 옳지 않은 것은?

① 가정에서의 게임은 지양하고 PC방에서 게임을 주로 한다.
② 온라인게임 외의 다양한 대안활동을 찾아 시도한다.
③ 게임은 해야 할 일을 먼저 한 후에 한다.
④ 게임은 시간을 정해두고 한다.

[문제 2] 랜섬웨어 피해를 예방하기 위한 수칙으로 옳지 않은 것은?

•보기•
① 모든 소프트웨어는 최신 버전으로 업데이트하여 사용한다.
② 파일 공유 사이트 등에서 파일 다운로드 및 실행에 주의한다.
③ 출처가 불분명한 이메일과 URL 링크는 실행하지 않는다.
④ 금융거래는 비트코인을 사용한다.

 인터넷 검색 (370점)

■ 일반검색 Ⅰ 각 10점

[문제 3] 지난 5월에 발행한 우표(한국인이 꼭 가봐야 할 관광지)의 문화재 지정번호를 〈보기〉에서 찾아 해당 번호를 답안지에 적으시오(번호).

3-1) 문경새재 ……………………………………………………………… (   )
3-2) 진도 운림산방 ……………………………………………………… (   )
3-3) 담양 소쇄원 ………………………………………………………… (   )

•보기•
① 명승 제32호   ② 명승 제40호   ③ 명승 제80호
④ 사적 제107호   ⑤ 사적 제118호

■ 일반검색 II   각 50점

[문제 4] 컴퓨터가 여러 데이터를 이용하여 마치 사람처럼 스스로 학습할 수 있게 하기 위해 인공 신경망(ANN)을 기반으로 하는 기계 학습 기술을 <u>무엇</u>(영문 full name)이라 하는지 검색하시오(정답, URL).

[문제 5] 소한(小寒)은 24절기 가운데 스물세 번째로, 작은 추위라는 뜻의 절기이다. '대한이 소한의 집에 가서 얼어 죽는다.'라는 속담처럼 소한 추위는 맵다. 2023년 소한에 기상청 영월 무인관서에서 관측한 <u>일최저기온</u>(단위 : ˚C, 소수 첫째 자리까지 표시)를 검색하시오(정답).

■ 가로・세로 정보검색   각 30점

※ 아래 각 문제의 설명을 읽고 가로・세로에 알맞은 단어를 답안에 기재하시오(정답).

[문제 6] (세로) '서리 밑에서도 시들지 않고 꿋꿋하다'라는 뜻의 국화를 달리 이르는 <u>말</u>을 검색하시오.

[문제 7] (세로) '한 번에 하지 않고 여러 번에 나눠서 주고받는 셈'을 이르는 <u>우리말</u>을 검색하시오.

[문제 8] (가로) '푸른 숲 속에 사는 호걸'이라는 뜻으로, 불한당(不汗黨)이나 화적(火賊) 따위를 달리 이르는 <u>사자성어</u>를 검색하시오.

■ **실용검색**

각 50점

[문제 9] 길 찾기 서비스(포털 및 전문 검색사이트)를 이용하여 부산 사직역 1번 출구에서 국가기록원 부산기록관 입구를 도보로 가는 지도 경로를 찾아 전체화면(경로 검색화면 포함)을 캡처하여 답안 파일에 붙여 넣으시오(이미지 크기 150mm x 100mm).

[문제 10] 일본 하코네토잔테쓰도 이유다 역 인근의 '생명의 별 지구박물관'은 지구의 탄생과 구조 생명의 역사 등을 테마로 하는 박물관이다. 이곳의 관람료(중,고등학생, 65세 이상)를 검색하시오(정답).

[문제 11] 공항 운항 스케줄에서 2018년 11월 11일(일) 김포공항을 출발해서 제주공항에 가장 먼저 도착 예정인 비행기의 항공사명과 편명을 검색하시오(정답).

 **정보 가공** (70점)

※ 제시된 주제에 따라 답안을 완성하시오.

[문제 12] 국민의 안전한 먹거리를 위해서 식품이력추적관리, 쇠고기이력추적관리, 수산물이력추적관리, 농산물이력추적관리 제도가 시행되고 있다. 안전한 먹거리 정보에 대한 정보를 검색하여 다음의 안내문 내용을 완성하시오.

[답안]

안전한 먹거리 정보	
(12-1) 식품의약품안전처의 HACCP(안전관리인증) 심벌마크 이미지	(12-2) 식품이력추적관리 제도의 정의 (12-3) 식품이력관리번호 8801136361339202230614의 유통기한 (연월일) (12-4) 불량식품 뿌리뽑기 신고 전화번호(국번 없이)

제03회 실전모의고사

과목	코드	문제유형	시험시간	수험번호	성명
인터넷	1152	C	60분		

수험자 유의사항

- 수험자는 문제지를 받는 즉시 **응시하고자 하는 과목의 문제지가 맞는지 확인**하여야 합니다.
- 시험과 직접 관련이 없는 행위 즉, 각종 웹사이트 로그인, 댓글 달기, 게시, 자료 업로드 등의 행위 또는 답안 내역을 보조기억장치 및 기타 통신수단(게시판, 이메일, 메신저, 네트워크 등)을 이용하여 타인에게 전달 또는 외부로 반출하는 경우는 자격기본법 제32에 의거 부정행위로 간주되어 본 시험 및 국가공인 자격시험을 2년간 응시할 수 없습니다.
- 내 PC\문서\ITQ 폴더의 "답안파일-인터넷.hwp" 파일을 열어 파일 이름을 "수험번호-성명-인터넷.hwp"로 답안 폴더에 다시 저장한 후 답안 작성을 시작하여야 하며, 답안문서 파일명이 일치하지 않을 경우 실격 처리됩니다(예 : 12345678-홍길동-인터넷.hwp).
  (시험시 제공되는 답안파일 양식을 사용하지 않을 경우에는 0점 처리됨)
- 답안 작성을 마치면 파일을 저장하고, '답안 전송' 버튼을 선택하여 감독위원 PC로 답안을 전송하십시오. 수험자 정보와 저장한 파일명이 다를 경우 전송되지 않으므로 주의하시기 바랍니다.
- 답안 작성 중에도 **주기적으로 저장하고 답안을 전송**하여야 문제 발생을 줄일 수 있습니다. 작업한 내용을 저장하지 않고 전송할 경우 이전에 저장된 내용이 전송되오니 이점 유의하시기 바랍니다.
- 시험 중 부주의 또는 고의로 시스템을 파손한 경우는 수험자가 변상해야 하며, 〈수험자 유의사항〉에 기재된 방법대로 이행하지 않아 생기는 불이익은 수험자 당사자의 책임임을 알려 드립니다.
- 시험을 완료한 수험자는 답안파일이 전송되었는지 확인한 후 감독위원의 지시에 따라 문제지를 제출하고 퇴실합니다.

답안 작성요령

- 온라인 답안 작성 절차
  수험자 등록 ➡ 시험 시작 ➡ 답안파일 저장 ➡ 답안 전송 ➡ 시험 종료
- 시험 시작 전 시험과 무관한 프로그램의 실행을 중지시켜 주시기 바랍니다(채팅, 파일공유 등).
- 문제에 (정답)이라고 표시되어 있으면 정답만을 작성란에 기재하고, (정답, URL)이라고 표시되어 있으면 정답과 함께 URL을 반드시 기재하시기 바랍니다. 이를 준수하지 않을 경우 감점, 오답 처리 등 불이익이 있을 수 있습니다.
- 문제 번호에 따라 정답을 아래와 같이 답안파일에 정확히 기록하십시오.

과목	코드	문제유형	시험시간	수험번호	성명
인터넷	1152		60분		

문제번호		답안
문제6	정답	대한민국

- 4번 문제는 번호에 따라 정답과 URL을 아래와 같이 답안파일에 정확히 기록하십시오(URL은 정답을 확인할 수 있는 최종 URL을 기재하십시오).

4	정답	ITQ정보기술자격
	URL	https://www.kpc.or.kr/certification/index.asp

- 4번 문제의 경우 개인 홈페이지나 블로그, 지식 검색(예 : 지식iN, 위키피디아 등)과 같이 개인사견이 들어 있는 사이트, 첨부파일은 정답으로 인정하지 않습니다.
- 9번의 이미지 파일은 인터넷 답안지에 삽입한 후 반드시 지정된 이미지 크기로 변경하시기 바랍니다.
- 문제에서 제시한 단위, Full name 등의 조건에 맞도록 답안을 작성하시기 바랍니다.

인터넷 윤리 (60점, 각 30점)

※ 문제에 대한 적절한 내용의 번호를 골라 답안지에 기재하시오.

[문제 1] 다음 중 랜섬웨어의 예방법으로 옳은 것은?

① 외장하드에 파일을 백업하여 사용한다.
② 운영체제의 업데이트를 하지 않는다.
③ 키보드 보안 프로그램을 사용한다.
④ 비트코인을 구입해둔다.

[문제 2] 다음 중 파밍(Pharming) 사이트 주의사항이 아닌 것은?

• 보기 •
① 보안카드 전체번호 입력 금지
② 백신프로그램의 주기적 업데이트로 최신 버전 유지
③ 금융기관을 사칭해 특정 금융정보를 요구하는 전화가 올 경우 1379로 신고
④ 금융기관에서 제공하는 보안 프로그램을 꼭 설치하여 사용

인터넷 검색 (370점)

■ 일반검색 I   각 10점

[문제 3] 다음 책 제목의 ISBN을 〈보기〉에서 찾아 해당 번호를 답안지에 적으시오(번호).

3-1) 언어의 온도 …………………………………………………………… (   )
3-2) 나에게 고맙다 ………………………………………………………… (   )
3-3) 호모 데우스 …………………………………………………………… (   )

• 보기 •
① 9791161565873   ② 9788968330889   ③ 9791187119845
④ 9788934977841   ⑤ 9791195522125

■ 일반검색 II 〔각 50점〕

[문제 4] 정보를 수집한 후, 저장만 하고 분석에 활용하고 있지 않은 다량의 데이터로 미래에 사용할 가능성이 있다는 이유로 삭제되지 않고 방치되어 있어, 저장 공간만 차지하고 보안 위험을 초래할 수 있다. 이 데이터를 무엇이라 하는지 검색하시오(정답, URL).

[문제 5] 한국표준직업분류는 통계조사를 목적으로 수입을 위해 개인이 하고 있는 경제활동을 그 수행되는 일의 형태에 따라 체계적으로 분류한 것이다. 한국표준직업분류(KSCO)에서 7차 소방관(Fire Fighters)의 분류코드(5자리)를 검색하시오(정답).

■ 가로·세로 정보검색 〔각 30점〕

※ 아래 각 문제의 설명을 읽고 가로·세로에 알맞은 단어를 답안에 기재하시오(정답).

[문제 6] (세로) 방사선의 입자를 검출하거나 입자 하나하나를 세는 장치를 무엇이라 하는지 검색하시오.

[문제 7] (가로) '마른 나무에서 물을 내게 한다'라는 뜻으로, 아무 것도 없는 사람에게 없는 것을 내라고 억지를 부리며 강요하는 것을 비유하는 사자성어를 검색하시오.

[문제 8] (세로) '억지로 또는 강압적으로 함'을 이르는 우리말을 검색하시오.

■ 실용검색   각 50점

[문제 9] 길 찾기 서비스(포털 및 전문 검색사이트)를 이용하여 광주예술고등학교 정문에서 국립광주박물관 매표소를 도보로 가는 지도 경로를 찾아 전체 화면(경로 검색화면 포함)을 캡처하여 답안 파일에 붙여 넣으시오(이미지 크기 150mm x 100mm).

[문제 10] 국민연금 기준소득월액은 보험료와 연금급여를 산정하고자 전체 가입자의 평균소득을 기초로 상한과 하한 금액 범위에서 정한 금액으로 국민연금 전체 가입자 평균소득의 3년간 평균액 변동률에 연동해 상한액과 하한액을 조정하고 있다. 2023년 7월 기준으로 사업장 가입자인 근로자 신고소득월액이 4,700,000원일 경우 국민연금 근로자부담금은 얼마(단위: 원)인지 구하시오(정답).

[문제 11] 어린이 국가예방접종 지정 의료기관은 어린이 국가예방접종 사업에 참여하여 예방접종비용을 지원받을 수 있는 의료기관으로 관련기관에서 병의원을 검색할 수 있다. 결핵(BCG, 피내용) 백신을 접종할 수 있는 서울특별시 용산구의 어린이 국가예방접종 지정 의료기관의 이름(병의원명)을 검색하시오(정답).

정보 가공 (70점)

※ 제시된 주제에 따라 답안을 완성하시오.

[문제 12] 경남 진주시가 세계축제협회에서 선정한 '세계축제도시 진주'에 걸맞게 진주남강유등축제를 시작으로 개천예술제 종야예술한마당 불꽃놀이로 폐막하는 11월 3일까지 대장정을 이어갔다. 진주시 문화축제에 대한 정보를 검색하여 다음의 안내문 내용을 완성하시오.

[답안]

2022 세계축제도시 진주	
(12-1) 2022년 진주남강유등축제 포스터 이미지	(12-2) 2022 진주세계민속예술비엔날레 주제(국문 또는 영문) (12-3) 제126회 진주 전국민속소힘겨루기대회 개최기간(월일~월일) (12-4) 제71회 개천예술제 뮤지컬 공연 제목

제04회 실전모의고사

과목	코드	문제유형	시험시간	수험번호	성명
인터넷	1152	D	60분		

수험자 유의사항

- 수험자는 문제지를 받는 즉시 **응시하고자 하는 과목의 문제지가 맞는지 확인**하여야 합니다.
- 시험과 직접 관련이 없는 행위 즉, 각종 웹사이트 로그인, 댓글 달기, 게시, 자료 업로드 등의 행위 또는 답안 내역을 보조기억장치 및 기타 통신수단(게시판, 이메일, 메신저, 네트워크 등)을 이용하여 타인에게 전달 또는 외부로 반출하는 경우는 자격기본법 제32에 의거 부정행위로 간주되어 본 시험 및 국가공인 자격시험을 2년간 응시할 수 없습니다.
- 내 PC\문서\ITQ 폴더의 "답안파일-인터넷.hwp" 파일을 열어 파일 이름을 "수험번호-성명-인터넷.hwp"로 답안 폴더에 다시 저장한 후 답안 작성을 시작하여야 하며, 답안문서 파일명이 일치하지 않을 경우 실격 처리됩니다(예 : 12345678-홍길동-인터넷.hwp).
  (시험시 제공되는 답안파일 양식을 사용하지 않을 경우에는 0점 처리됨)
- 답안 작성을 마치면 파일을 저장하고, '답안 전송' 버튼을 선택하여 감독위원 PC로 답안을 전송하십시오. 수험자 정보와 저장한 파일명이 다를 경우 전송되지 않으므로 주의하시기 바랍니다.
- 답안 작성 중에도 **주기적으로 저장하고 답안을 전송**하여야 문제 발생을 줄일 수 있습니다. 작업한 내용을 저장하지 않고 전송할 경우 이전에 저장된 내용이 전송되오니 이점 유의하시기 바랍니다.
- 시험 중 부주의 또는 고의로 시스템을 파손한 경우는 수험자가 변상해야 하며, 〈수험자 유의사항〉에 기재된 방법대로 이행하지 않아 생기는 불이익은 수험자 당사자의 책임임을 알려 드립니다.
- 시험을 완료한 수험자는 답안파일이 전송되었는지 확인한 후 감독위원의 지시에 따라 문제지를 제출하고 퇴실합니다.

답안 작성요령

- 온라인 답안 작성 절차
  수험자 등록 ➡ 시험 시작 ➡ 답안파일 저장 ➡ 답안 전송 ➡ 시험 종료
- 시험 시작 전 시험과 무관한 프로그램의 실행을 중지시켜 주시기 바랍니다(채팅, 파일공유 등).
- 문제에 (정답)이라고 표시되어 있으면 정답만을 작성란에 기재하고, (정답, URL)이라고 표시되어 있으면 정답과 함께 URL을 반드시 기재하시기 바랍니다. 이를 준수하지 않을 경우 감점, 오답 처리 등 불이익이 있을 수 있습니다.
- 문제 번호에 따라 정답을 아래와 같이 답안파일에 정확히 기록하십시오.

과목	코드	문제유형	시험시간	수험번호	성명
인터넷	1152		60분		

문제번호		답안
문제6	정답	대한민국

- 4번 문제는 번호에 따라 정답과 URL을 아래와 같이 답안파일에 정확히 기록하십시오(URL은 정답을 확인할 수 있는 최종 URL을 기재하십시오).

4	정답	ITQ정보기술자격
	URL	https://www.kpc.or.kr/certification/index.asp

- 4번 문제의 경우 개인 홈페이지나 블로그, 지식 검색(예 : 지식iN, 위키피디아 등)과 같이 개인사견이 들어 있는 사이트, 첨부파일은 정답으로 인정하지 않습니다.
- 9번의 이미지 파일은 인터넷 답안지에 삽입한 후 반드시 지정된 이미지 크기로 변경하시기 바랍니다.
- 문제에서 제시한 단위, Full name 등의 조건에 맞도록 답안을 작성하시기 바랍니다.

 **인터넷 윤리** (60점, 각 30점)

※ 문제에 대한 적절한 내용의 번호를 골라 답안지에 기재하시오.

[문제 1] 다음 중 이메일 네티켓으로 옳은 것은?

① 본문 내용의 작성은 줄이고 첨부파일 형태로 정보를 전달한다.
② 본인이 누구인지 분명하게 밝히고 행운의 편지 등을 공유한다.
③ 사적인 내용의 받은 메일은 보낸 사람의 허락없이 다른 사람에게 전달한다.
④ 제목만 보고도 내용을 짐작할 수 있도록 알맞은 제목을 붙인다.

[문제 2] 다음 중 안전한 금융거래를 위한 수칙으로 옳은 것은?

• 보기 •
① 공인인증서의 분실을 방지하기 위해 이동식 저장장치에 보관하는 것보다는 하드디스크에 보관한다.
② 전자금융거래 이용내역을 본인에게 즉시 알려주는 휴대폰 서비스 등을 적극적으로 이용한다.
③ 보안카드 분실을 대비해 이미지로 스캔하여 하드디스크에 보관한다.
④ 금융기관을 사칭한 이메일을 받은 경우 첨부파일과 내용을 확인 후 삭제한다.

 인터넷 검색 (370점)

■ 일반검색 I   각 10점

[문제 3] 다음 국가무형문화재의 지정일을 〈보기〉에서 찾아 해당 번호를 답안지에 적으시오(번호).

3-1) 전통장 ………………………………………………………………………… (   )
3-2) 바디장 ………………………………………………………………………… (   )
3-3) 자수장 ………………………………………………………………………… (   )

• 보기 •
① 1984년 10월 15일   ② 1986년 11월 1일   ③ 1989년 6월 20일
④ 1988년 12월 1일   ⑤ 1988년 8월 1일

■ 일반검색 II   각 50점

[문제 4]   저속, 저전력, 저성능의 특징을 갖는 사물들로 구성된 사물 인터넷으로 수도·전기·가스 원격 검침용 기기, 오프라인 매장에서 사물 정보를 소비자 스마트폰에 전송하는 저전력 블루투스 비컨 등이 있다. 이것은 무엇인지 검색하시오(정답, URL).

[문제 5]   입춘(立春)은 새해의 첫째 절기로 태양의 황경(黃經)이 315도일 때를 말한다. 이날부터 봄이 시작된다. 2023년 입춘에 기상청 서산 무인관서에서 관측한 일최고기온(단위 : °C, 소수 첫째 자리까지 표시)를 검색하시오(정답).

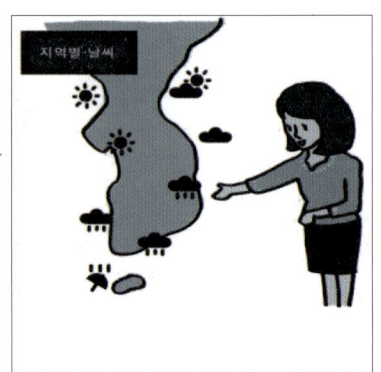

■ 가로·세로 정보검색   각 30점

※ 아래 각 문제의 설명을 읽고 가로·세로에 알맞은 단어를 답안에 기재하시오(정답).

[문제 6]   (세로) 조선 시대에, 모화관에서 활쏘기를 배우던 무관의 자제를 무엇이라 하는지 검색하시오.

[문제 7]   (가로) '머리는 차게, 발은 따뜻하게 하면 건강에 좋음'을 이르는 사자성어를 검색하시오.

[문제 8]   (세로) '좀 겸연쩍고 부끄럽다'의 우리말을 검색하시오.

■ 실용검색 각 50점

[문제 9] 길 찾기 서비스(포털 및 전문 검색사이트)를 이용하여 서울 안국역(현대건설) 2번 출구에서 안국동 윤보선가를 도보로 가는 지도 경로를 찾아 전체화면(경로 검색화면 포함)을 캡쳐하여 답안 파일에 붙여 넣으시오(이미지 크기 150mm x 100mm).

[문제 10] 맨부커상(Man Booker Prize)은 영국 등 영연방 국가 작품에 주는 맨부커상과 영어로 번역된 외국어 소설을 대상으로 하는 맨부커 인터내셔널상(Man Booker International Prize)으로 이뤄져 있다. 2017 맨부커 인터내셔널상의 수상 작품명(영문)을 검색하시오(정답).

[문제 11] 지난해 12월 9일 개통한 SRT(수서발고속철도)는 많은 승객들이 이용하고 있다. 2023년 9월 4일(월) 오전 9시 수서역에서 출발하여 부산역에 도착하는 SRT 열차의 중간 정차역명을 모두 검색하시오(정답).

 정보 가공 (70점)

※ 제시된 주제에 따라 답안을 완성하시오.

[문제 12] 우수문화상품 지정제도는 한국의 문화적 가치를 담은 우수문화상품을 지정하여 한복의 옷고름 모양을 딴 K-ribbon 마크를 부착하고, 체계적인 관리와 브랜드마케팅을 통해 '코리아프리미엄'을 창출하고자 하는 제도이다. 우수문화상품 지정제도에 대한 정보를 검색하여 다음의 안내문 내용을 완성하시오.

[답안]

우수문화상품 지정제도	
(12-1) 우수문화상품 (K-ribbon) 지정마크 이미지	(12-2) 2023년 우수문화상품 신규공모 응모분야(5개 분야) (12-3) 한식분야 우수문화상품 문의처(기관명) (12-4) 2023년 한복분야 우수문화상품(3가지)

제 05 회 실전모의고사

과목	코드	문제유형	시험시간	수험번호	성명
인터넷	1152	E	60분		

수험자 유의사항

- 수험자는 문제지를 받는 즉시 **응시하고자 하는 과목의 문제지가 맞는지 확인**하여야 합니다.
- 시험과 직접 관련이 없는 행위 즉, 각종 웹사이트 로그인, 댓글 달기, 게시, 자료 업로드 등의 행위 또는 답안 내역을 보조기억장치 및 기타 통신수단(게시판, 이메일, 메신저, 네트워크 등)을 이용하여 타인에게 전달 또는 외부로 반출하는 경우는 자격기본법 제32에 의거 부정행위로 간주되어 본 시험 및 국가공인 자격시험을 2년간 응시할 수 없습니다.
- 내 PC₩문서₩ITQ 폴더의 "답안파일-인터넷.hwp" 파일을 열어 파일 이름을 "수험번호-성명-인터넷.hwp"로 답안 폴더에 다시 저장한 후 답안 작성을 시작하여야 하며, 답안문서 파일명이 일치하지 않을 경우 실격 처리됩니다(예 : 12345678-홍길동-인터넷.hwp).
  (시험시 제공되는 답안파일 양식을 사용하지 않을 경우에는 0점 처리됨)
- 답안 작성을 마치면 파일을 저장하고, '답안 전송' 버튼을 선택하여 감독위원 PC로 답안을 전송하십시오. 수험자 정보와 저장한 파일명이 다를 경우 전송되지 않으므로 주의하시기 바랍니다.
- 답안 작성 중에도 **주기적으로 저장하고 답안을 전송**하여야 문제 발생을 줄일 수 있습니다. 작업한 내용을 저장하지 않고 전송할 경우 이전에 저장된 내용이 전송되오니 이점 유의하시기 바랍니다.
- 시험 중 부주의 또는 고의로 시스템을 파손한 경우는 수험자가 변상해야 하며, 〈수험자 유의사항〉에 기재된 방법대로 이행하지 않아 생기는 불이익은 수험자 당사자의 책임임을 알려 드립니다.
- 시험을 완료한 수험자는 답안파일이 전송되었는지 확인한 후 감독위원의 지시에 따라 문제지를 제출하고 퇴실합니다.

답안 작성요령

- 온라인 답안 작성 절차
  수험자 등록 ➡ 시험 시작 ➡ 답안파일 저장 ➡ 답안 전송 ➡ 시험 종료
- 시험 시작 전 시험과 무관한 프로그램의 실행을 중지시켜 주시기 바랍니다(채팅, 파일공유 등).
- 문제에 (정답)이라고 표시되어 있으면 정답만을 작성란에 기재하고, (정답, URL)이라고 표시되어 있으면 정답과 함께 URL을 반드시 기재하시기 바랍니다. 이를 준수하지 않을 경우 감점, 오답 처리 등 불이익이 있을 수 있습니다.
- 문제 번호에 따라 정답을 아래와 같이 답안파일에 정확히 기록하십시오.

과목	코드	문제유형	시험시간	수험번호	성명
인터넷	1152		60분		

문제번호		답안
문제6	정답	대한민국

- 4번 문제는 번호에 따라 정답과 URL을 아래와 같이 답안파일에 정확히 기록하십시오(URL은 정답을 확인할 수 있는 최종 URL을 기재하십시오).

4	정답	ITQ정보기술자격
	URL	https://www.kpc.or.kr/certification/index.asp

- 4번 문제의 경우 개인 홈페이지나 블로그, 지식 검색(예 : 지식iN, 위키피디아 등)과 같이 개인사견이 들어 있는 사이트, 첨부파일은 정답으로 인정하지 않습니다.
- 9번의 이미지 파일은 인터넷 답안지에 삽입한 후 반드시 지정된 이미지 크기로 변경하시기 바랍니다.
- 문제에서 제시한 단위, Full name 등의 조건에 맞도록 답안을 작성하시기 바랍니다.

인터넷 윤리 (60점, 각 30점)

※ 문제에 대한 적절한 내용의 번호를 골라 답안지에 기재하시오.

[문제 1] 다음 중 정보통신기술 발달에 의한 변화로 옳지 않은 것은?

① 시간과 장소에 구애받지 않고 언제 어디서나 정보통신망에 접속
② 사이버공간의 확산
③ 증강현실 기술의 활성화
④ 웰빙푸드(Wellbeing-food)의 선호도 증가

[문제 2] 다음 중 전자서명의 기능으로 옳지 않은 것은?

• 보기 •
① 전자문서 작성자의 신원을 확인한다.
② 작성내용이 송수신과정에서 변경되지 않았다는 사실을 증명한다.
③ 홈페이지 회원가입시 입력하는 본인의 이름이다.
④ 전자문서를 작성한 사실을 부인할 수 없다.

인터넷 검색 (370점)

■ 일반검색 I 　　　　　　　　　　　　　　　　　　　　　　각 10점

[문제 3] 다음 중 잠실구장에서의 2023년 KBO리그 경기일정을 〈보기〉에서 찾아 해당 번호를 답안지에 적으시오(번호).

3-1) 8월 15일(화) ·· (　　　)
3-2) 8월 24일(목) ·· (　　　)
3-3) 8월 27일(일) ·· (　　　)

• 보기 •
① SSG VS 두산　　　② SK vs 두산　　　③ KT vs 두산
④ KIA vs LG　　　　⑤ 롯데 vs LG

■ 일반검색 II   각 50점

[문제 4] 오픈마켓, 소셜커머스 등 온라인 쇼핑몰에서 제품 정보를 수집한 후 오프라인 매장에서 해당 상품을 구매하는 소비 형태로 해외 명품, 대형 가전 등 고가 제품과 화장품, 유아용품 등 안전에 민감한 제품 중심으로 소비가 이루어진다. 이 소비형태를 무엇이라 하는지 검색하시오(정답, URL).

[문제 5] 통계청에 따르면, 신생아 수가 점차 줄어드는 가운데 여아 100명당 남아 수를 나타내는 출생성비도 점차 감소하고 있다. 통계청(국가통계포털)에서 2022년 울산광역시의 총출생성비(단위 : 명, 소수 첫째 자리까지 표시)를 검색하시오 (정답).

■ 가로・세로 정보검색   각 30점

※ 아래 각 문제의 설명을 읽고 가로・세로에 알맞은 단어를 답안에 기재하시오(정답).

[문제 6] (가로) '뾰족한 칼의 끝'이라는 뜻으로, 아주 작은 사물이나 얼마 안 되는 이익을 비유해 이르는 사자성어를 검색하시오.

[문제 7] (세로) '실상보다 좋게 보다'를 이르는 우리말을 검색하시오.

[문제 8] (세로) 우리나라 최초의 국어사전으로 국어학자 주시경 선생이 중심이 되어 쓴 것으로 출판되지 못하고 원고로만 남아있다. 이 사전의 이름을 검색하시오..

■ **실용검색** 각 50점

[문제 9] 지하철 노선 경로 찾기 서비스(포털 및 전문 검색사이트)를 이용하여 수도권 마천역에서 과천역을 지하철로 가는 경로(최소시간)를 찾아 전체화면(경로 검색화면 포함)을 캡처하여 답안 파일에 붙여 넣으시오(이미지 크기 150mm x 100mm).

[문제 10] 유니버설 스튜디오 싱가포르(Universal Studios Singapore)는 유니버설 스튜디오 놀이공원 중 하나로 싱가포르 센토사 섬에 있으며 2010년 3월 18일 개장했다. 유니버설 스튜디오 싱가포르 1일 성인 1인 요금(One-Day Ticket, Adult, 단위: SGD, 할인없음)을 검색하시오(정답).

[문제 11] 품명 식별이 가능하고 쓰레기봉투로 처리할 수 없는 대형 폐기물은 폐기물관리법 제14조에 근거하여 위탁업체에서 처리하고 있다. 부산광역시 사하구의 1인용 소파 수수료(수집 운반비와 처리비의 합)를 검색하시오(정답).

정보 가공 (70점)

※ 제시된 주제에 따라 답안을 완성하시오.

[문제 12] 세계자연유산 제주에서는 다양한 문화 축제가 열려 도민과 관광객들에게 많은 볼거리를 제공하고 있다. 제주 축제 행사에 대한 정보를 검색하여 다음의 안내문 내용을 완성하시오.

[답안]

	세계자연유산 제주
(12-1) 제7회 고마로 馬 문화축제 포스터 이미지	(12-2) 2022 세계유산축전 '제주 화산섬과 용암동굴' 슬로건 (국문 또는 영문) (12-3) 제13회 제주프랑스영화제 개최기간(월일~월일) (12-4) 본태박물관 개관 10주년 기념 특별전(제5전시관) 제목

제05회 _ 실전모의고사 **079**

실전모의고사

과목	코드	문제유형	시험시간	수험번호	성명
인터넷	1152	A	60분		

수험자 유의사항

- 수험자는 문제지를 받는 즉시 **응시하고자 하는 과목의 문제지가 맞는지 확인**하여야 합니다.
- 시험과 직접 관련이 없는 행위 즉, 각종 웹사이트 로그인, 댓글 달기, 게시, 자료 업로드 등의 행위 또는 답안 내역을 보조기억장치 및 기타 통신수단(게시판, 이메일, 메신저, 네트워크 등)을 이용하여 타인에게 전달 또는 외부로 반출하는 경우는 자격기본법 제32에 의거 부정행위로 간주되어 본 시험 및 국가공인 자격시험을 2년간 응시할 수 없습니다.
- 내 PC₩문서₩ITQ 폴더의 "답안파일-인터넷.hwp" 파일을 열어 파일 이름을 "수험번호-성명-인터넷.hwp"로 답안 폴더에 다시 저장한 후 답안 작성을 시작하여야 하며, 답안문서 파일명이 일치하지 않을 경우 실격 처리됩니다(예 : 12345678-홍길동-인터넷.hwp).
  (시험시 제공되는 답안파일 양식을 사용하지 않을 경우에는 0점 처리됨)
- 답안 작성을 마치면 파일을 저장하고, '답안 전송' 버튼을 선택하여 감독위원 PC로 답안을 전송하십시오. 수험자 정보와 저장한 파일명이 다를 경우 전송되지 않으므로 주의하시기 바랍니다.
- 답안 작성 중에도 **주기적으로 저장하고 답안을 전송**하여야 문제 발생을 줄일 수 있습니다. 작업한 내용을 저장하지 않고 전송할 경우 이전에 저장된 내용이 전송되오니 이점 유의하시기 바랍니다.
- 시험 중 부주의 또는 고의로 시스템을 파손한 경우는 수험자가 변상해야 하며, 〈수험자 유의사항〉에 기재된 방법대로 이행하지 않아 생기는 불이익은 수험자 당사자의 책임임을 알려 드립니다.
- 시험을 완료한 수험자는 답안파일이 전송되었는지 확인한 후 감독위원의 지시에 따라 문제지를 제출하고 퇴실합니다.

답안 작성요령

- 온라인 답안 작성 절차
  수험자 등록 ➡ 시험 시작 ➡ 답안파일 저장 ➡ 답안 전송 ➡ 시험 종료
- 시험 시작 전 시험과 무관한 프로그램의 실행을 중지시켜 주시기 바랍니다(채팅, 파일공유 등).
- 문제에 (정답)이라고 표시되어 있으면 정답만을 작성란에 기재하고, (정답, URL)이라고 표시되어 있으면 정답과 함께 URL을 반드시 기재하시기 바랍니다. 이를 준수하지 않을 경우 감점, 오답 처리 등 불이익이 있을 수 있습니다.
- 문제 번호에 따라 정답을 아래와 같이 답안파일에 정확히 기록하십시오.

과목	코드	문제유형	시험시간	수험번호	성명
인터넷	1152		60분		

문제번호		답안
문제6	정답	대한민국

- 4번 문제는 번호에 따라 정답과 URL을 아래와 같이 답안파일에 정확히 기록하십시오(URL은 정답을 확인할 수 있는 최종 URL을 기재하십시오).

4	정답	ITQ정보기술자격
	URL	https://www.kpc.or.kr/certification/index.asp

- 4번 문제의 경우 개인 홈페이지나 블로그, 지식 검색(예 : 지식iN, 위키피디아 등)과 같이 개인사견이 들어 있는 사이트, 첨부파일은 정답으로 인정하지 않습니다.
- 9번의 이미지 파일은 인터넷 답안지에 삽입한 후 반드시 지정된 이미지 크기로 변경하시기 바랍니다.
- 문제에서 제시한 단위, Full name 등의 조건에 맞도록 답안을 작성하시기 바랍니다.

 **인터넷 윤리** (60점, 각 30점)

※ 문제에 대한 적절한 내용의 번호를 골라 답안지에 기재하시오.

[문제 1] 다음 중 인터넷 사이버 공간의 특성으로 옳지 않은 것은?

① 익명성
② 현실도피
③ 비대면성
④ 엄격한 가치규범

[문제 2] 다음 중 인터넷 게임 중독자의 일반적인 증상으로 옳지 않은 것은?

• 보기 •
① 온라인 스포츠 게임을 할수록 욕구가 생겨 게임보다 운동량이 많은 스포츠에 참여한다.
② 많은 시간을 게임 생각만 하거나 다음번 게임을 계획하면서 지낸다.
③ 개인적인 문제에서 도피하고 불안감을 덜기 위해 게임에 더욱 열중한다.
④ 게임을 안 하겠다고 마음먹고도 다시 게임을 하게 된다.

 인터넷 검색 (370점)

■ 일반검색 Ⅰ 각 10점

[문제 3] 다음 2023년 노벨상 부문의 수상자 이름을 〈보기〉에서 찾아 해당 번호를 답안지에 적으시오(번호).

3-1) 생리의학상 ………………………………………………………………… (   )
3-2) 물리학상 …………………………………………………………………… (   )
3-3) 문학상 ……………………………………………………………………… (   )

• 보기 •
① 에릭 베치그   ② 피에르 아고스티니   ③ 드루 와이스먼
④ 장 티롤   ⑤ 욘 포세

■ 일반검색 II

각 50점

[문제 4] 서로 다른 분야의 요소들이 결합할 때 각 요소가 지니는 에너지의 합보다 더 큰 에너지를 분출하는 것으로 전혀 무관해 보이는 영역의 지식이 결합해 혁신이 일어나는 것을 말한다. 이 효과를 무엇이라 하는지 검색하시오(정답, URL).

[문제 5] 상강(霜降)은 24절기 중 하나로 서리가 내린다는 뜻으로 아침저녁으로 쌀쌀해지기 시작하며, 반면 낮의 날씨는 매우 쾌청하다. 2022년 상강(霜降)인 날 기상청 상주 무인관서에서 관측한 일최저기온(단위: °C, 소수 첫째 자리까지 표시)을 검색하시오(정답).

■ 가로 · 세로 정보검색

각 30점

※ 아래 각 문제의 설명을 읽고 가로 · 세로에 알맞은 단어를 답안에 기재하시오(정답).

[문제 6] (세로) 불교에서 과거세, 미래세, 현재세를 통틀어 이르는 말을 검색하시오.

[문제 7] (가로) '부근에 있는 사람들이 즐거워하고, 먼 곳의 사람들이 흠모하여 모여든다'는 뜻으로, 덕이 널리 미침을 이르는 사자성어를 검색하시오.

[문제 8] (세로) '좀 겸연쩍고 부끄럽다'를 이르는 우리말을 검색하시오.

■ 실용검색

각 50점

[문제 9] 지하철 노선 경로 찾기 서비스(포털 및 전문 검색사이트)를 이용하여 대구 지산역에서 고산역을 지하철로 가는 경로(최소시간)를 찾아 전체화면(경로 검색화면 포함)을 캡처하여 답안 파일에 붙여 넣으시오(이미지 크기 150mm x 100mm).

[문제 10] 오광대는 낙동강 서쪽지역의 탈춤을 가리키는 말로, 초계 밤마리 마을 장터에서 놀던 광대패들에 의해 시작되었다고 한다. 국가무형문화재로 등록되어 있는 오광대 명칭 3가지를 검색하시오(정답).

[문제 11] 부산 갈맷길은 9개 코스, 21개 구간 278.8km의 걷기 좋은 탐방로이다. 용두산공원은 부산 갈맷길 9개 코스 중 몇 코스에서 방문할 수 있는지 검색하시오(정답).

 정보 가공 (70점)

※ 제시된 주제에 따라 답안을 완성하시오.

[문제 12] 국토교통부는 제42회 항공의 날을 맞아 10월 24일부터 28일까지를 '항공주간'으로 지정하고 오는 10월 27일에 '제42회 항공의 날 기념식'을 개최했다. 이번 항공주간은 항공의 날 기념식 외에도 항공문학상 시상식, 국립항공박물관 국제학술대회, 항공산업 JOB FAIR 등 다채로운 항공 관련 행사가 열렸다. 항공의 날에 대한 정보를 검색하여 다음의 안내문 내용을 완성하시오.

[답안]

	항공의 날
(12-1) 제1회 항공의 날 기념우표 이미지	(12-2) 제42회 항공의 날 주제 (12-3) 서울-부산간 국내선 민항기 최초 취항일(연월일) (12-4) 제8회 항공문학상 대상 수상작(작품명)

제07회 실전모의고사

과목	코드	문제유형	시험시간	수험번호	성명
인터넷	1152	B	60분		

수험자 유의사항

- 수험자는 문제지를 받는 즉시 **응시하고자 하는 과목의 문제지가 맞는지 확인**하여야 합니다.
- 시험과 직접 관련이 없는 행위 즉, 각종 웹사이트 로그인, 댓글 달기, 게시, 자료 업로드 등의 행위 또는 답안 내역을 보조기억장치 및 기타 통신수단(게시판, 이메일, 메신저, 네트워크 등)을 이용하여 타인에게 전달 또는 외부로 반출하는 경우는 자격기본법 제32에 의거 부정행위로 간주되어 본 시험 및 국가공인 자격시험을 2년간 응시할 수 없습니다.
- 내 PC₩문서₩ITQ 폴더의 "답안파일-인터넷.hwp" 파일을 열어 파일 이름을 "수험번호-성명-인터넷.hwp"로 답안 폴더에 다시 저장한 후 답안 작성을 시작하여야 하며, 답안문서 파일명이 일치하지 않을 경우 실격 처리됩니다(예 : 12345678-홍길동-인터넷.hwp).
(시험시 제공되는 답안파일 양식을 사용하지 않을 경우에는 0점 처리됨)
- 답안 작성을 마치면 파일을 저장하고, '답안 전송' 버튼을 선택하여 감독위원 PC로 답안을 전송하십시오. 수험자 정보와 저장한 파일명이 다를 경우 전송되지 않으므로 주의하시기 바랍니다.
- 답안 작성 중에도 **주기적으로 저장하고 답안을 전송**하여야 문제 발생을 줄일 수 있습니다. 작업한 내용을 저장하지 않고 전송할 경우 이전에 저장된 내용이 전송되오니 이점 유의하시기 바랍니다.
- 시험 중 부주의 또는 고의로 시스템을 파손한 경우는 수험자가 변상해야 하며, 〈수험자 유의사항〉에 기재된 방법대로 이행하지 않아 생기는 불이익은 수험자 당사자의 책임임을 알려 드립니다.
- 시험을 완료한 수험자는 답안파일이 전송되었는지 확인한 후 감독위원의 지시에 따라 문제지를 제출하고 퇴실합니다.

답안 작성요령

- 온라인 답안 작성 절차
수험자 등록 ➡ 시험 시작 ➡ 답안파일 저장 ➡ 답안 전송 ➡ 시험 종료
- 시험 시작 전 시험과 무관한 프로그램의 실행을 중지시켜 주시기 바랍니다(채팅, 파일공유 등).
- 문제에 (정답)이라고 표시되어 있으면 정답만을 작성란에 기재하고, (정답, URL)이라고 표시되어 있으면 정답과 함께 URL을 반드시 기재하시기 바랍니다. 이를 준수하지 않을 경우 감점, 오답 처리 등 불이익이 있을 수 있습니다.
- 문제 번호에 따라 정답을 아래와 같이 답안파일에 정확히 기록하십시오.

과목	코드	문제유형	시험시간	수험번호	성명
인터넷	1152		60분		

문제번호		답안
문제6	정답	대한민국

- 4번 문제는 번호에 따라 정답과 URL을 아래와 같이 답안파일에 정확히 기록하십시오(URL은 정답을 확인할 수 있는 최종 URL을 기재하십시오).

4	정답	ITQ정보기술자격
	URL	https://www.kpc.or.kr/certification/index.asp

- 4번 문제의 경우 개인 홈페이지나 블로그, 지식 검색(예 : 지식iN, 위키피디아 등)과 같이 개인사견이 들어 있는 사이트, 첨부파일은 정답으로 인정하지 않습니다.
- 9번의 이미지 파일은 인터넷 답안지에 삽입한 후 반드시 지정된 이미지 크기로 변경하시기 바랍니다.
- 문제에서 제시한 단위, Full name 등의 조건에 맞도록 답안을 작성하시기 바랍니다.

 **인터넷 윤리**　　　　　　　　　　　　　　　　　　(60점, 각 30점)

※ 문제에 대한 적절한 내용의 번호를 골라 답안지에 기재하시오.

[문제 1]　다음 중 인터넷 사이트 회원가입 시 비밀번호로 보안이 가장 좋은 것은?

① 0000
② itopitqgtq
③ hk@97#!4g&
④ 123456789012

[문제 2]　다음 중 인터넷 중독 예방지침으로 옳지 않은 것은?

・보기・
① 컴퓨터는 사용하기 편하게 항상 켜놓는다.
② 컴퓨터 사용시간은 가족과 상의하여 결정한다.
③ 인터넷 사용 조절이 어려우면 시간 관리 프로그램을 설치한다.
④ 인터넷 사용 이외에 운동이나 취미활동 시간을 늘린다.

 **인터넷 검색**　　　　　　　　　　　　　　　　　　(370점)

■ 일반검색 Ⅰ　　　　　　　　　　　　　　　　　　각 10점

[문제 3]　다음 노벨상 부문의 수상자 이름을 〈보기〉에서 찾아 해당 번호를 답안지에 적으시오(번호).

3-1) The Nobel Prize in Economic Sciences 2023(경제학상) ······················· (　　)
3-2) The Nobel Prize in Chemistry 2023(화학상) ······························· (　　)
3-3) The Nobel Peace Prize 2023(평화상) ····································· (　　)

・보기・
① Narges Mohammadi　　② Claudia Goldin　　③ Emmanuel Charpentier
④ Alexei Ekimov　　　　⑤ Ronald Drever

■ 일반검색 II 각 50점

[문제 4] 위치 정보 솔루션에 바탕을 두고 반경을 설정하는 기술로 사용자가 특정 위치에 도착하거나 벗어나는 것을 알릴 때 사용된다. 스마트폰 사용자 위치를 추적·분석해 타인에게 알려주는 것이 핵심이다. 이 기술의 <u>이름</u>을 검색하시오(정답, URL).

[문제 5] 2022년 11월 13일 10시 00분 제주도(제주도 서부, 제주도 북부, 제주도 동부)에 강풍주의보가 발령한 후, 당일 19시 00분에 해제되었다. 기상청 고산 무인관서에서 관측한 2022년 11월 13일의 <u>일평균풍속</u>(m/s, 소수 첫째 자리까지 표시)을 검색하시오(정답).

■ 가로·세로 정보검색 각 30점

※ 아래 각 문제의 설명을 읽고 가로·세로에 알맞은 단어를 답안에 기재하시오(정답).

[문제 6] (가로) '아랫사람에게 묻는 것이 수치가 아니다'라는 뜻으로, 누구에게든지 물어서 식견을 넓힘을 이르는 <u>사자성어</u>를 검색하시오.

[문제 7] (세로) '어려움 없이 쉽게 다루거나 대할 만하다'를 이르는 <u>우리말</u>을 검색하시오.

[문제 8] (세로) 조선 시대에, 죄인의 볼기를 치는 데 쓰던 곤장을 <u>무엇</u>이라 했는지 검색하시오.

■ **실용검색**　　　　　　　　　　　　　　　　　　　　　　　　　　　　　　　각 50점

[문제 9] 길 찾기 서비스(포털 및 전문 검색사이트)를 이용하여 광주광역시청 정문에서 상무조각공원 주차장을 도보로 가는 지도 경로를 찾아 전체화면(경로 검색화면 포함)을 캡처하여 답안 파일에 붙여 넣으시오(이미지 크기 150mm x 100mm).

[문제 10] 깃대종(Flagship species)은 1993년 국제연합환경계획(UNEP)이 발표한 '생물다양성 국가 연구에 관한 가이드라인'에서 제시한 개념으로, 공원의 생태·지리·문화적 특성을 반영하는 상징적인 야생 동·식물로서 사람들이 중요하다고 인식하는 종을 말한다. 덕유산 국립공원의 두 가지 깃대종은 무엇(명칭, 2가지)인지 검색하시오(정답).

[문제 11] 우정사업본부는 질병으로 지친 국민의 안녕과 회복을 기원하기 위해, 2009년에 유네스코 인류무형문화유산으로 등재된 문화유산을 주제로 2022년 11월 18일 기념우표를 발행했다. 이 우표의 소재로 사용된 유네스코 인류무형문화유산은 무엇(명칭)인지 검색하시오(정답).

 정보 가공　　　　　　　　　　　　　　　　　　　　　　　　　　　(70점)

※ 제시된 주제에 따라 답안을 완성하시오.

[문제 12] 진주대첩의 현장, 진주성에 자리 잡은 국립진주박물관은 임진왜란을 중심으로 경남지역의 역사와 문화를 연구하고 전시하면서 다양한 학습 기회를 제공하고 있다. 국립진주박물관에 대한 정보를 검색하여 다음의 안내문 내용을 완성하시오.

[답안]

국립진주박물관	
(12-1) 진주시 관광캐릭터 하모 이미지	(12-2) 국립진주박물관 설계자(성명) (12-3) 국립진주박물관 야외 전시장에 있는 국보 문화재 이름(명칭) (12-4) 국립진주박물관 주소(도로명 주소)

제08회 실전모의고사

과목	코드	문제유형	시험시간	수험번호	성명
인터넷	1152	C	60분		

수험자 유의사항

- 수험자는 문제지를 받는 즉시 **응시하고자 하는 과목의 문제지가 맞는지 확인**하여야 합니다.
- 시험과 직접 관련이 없는 행위 즉, 각종 웹사이트 로그인, 댓글 달기, 게시, 자료 업로드 등의 행위 또는 답안 내역을 보조기억장치 및 기타 통신수단(게시판, 이메일, 메신저, 네트워크 등)을 이용하여 타인에게 전달 또는 외부로 반출하는 경우는 자격기본법 제32에 의거 부정행위로 간주되어 본 시험 및 국가공인 자격시험을 2년간 응시할 수 없습니다.
- 내 PC\문서\ITQ 폴더의 "답안파일-인터넷.hwp" 파일을 열어 파일 이름을 "수험번호-성명-인터넷.hwp"로 답안 폴더에 다시 저장한 후 답안 작성을 시작하여야 하며, 답안문서 파일명이 일치하지 않을 경우 실격 처리됩니다(예 : 12345678-홍길동-인터넷.hwp).
  (시험시 제공되는 답안파일 양식을 사용하지 않을 경우에는 0점 처리됨)
- 답안 작성을 마치면 파일을 저장하고, '답안 전송' 버튼을 선택하여 감독위원 PC로 답안을 전송하십시오. 수험자 정보와 저장한 파일명이 다를 경우 전송되지 않으므로 주의하시기 바랍니다.
- 답안 작성 중에도 **주기적으로 저장하고 답안을 전송**하여야 문제 발생을 줄일 수 있습니다. 작업한 내용을 저장하지 않고 전송할 경우 이전에 저장된 내용이 전송되오니 이점 유의하시기 바랍니다.
- 시험 중 부주의 또는 고의로 시스템을 파손한 경우는 수험자가 변상해야 하며, 〈수험자 유의사항〉에 기재된 방법대로 이행하지 않아 생기는 불이익은 수험자 당사자의 책임임을 알려 드립니다.
- 시험을 완료한 수험자는 답안파일이 전송되었는지 확인한 후 감독위원의 지시에 따라 문제지를 제출하고 퇴실합니다.

답안 작성요령

- 온라인 답안 작성 절차
  수험자 등록 ➡ 시험 시작 ➡ 답안파일 저장 ➡ 답안 전송 ➡ 시험 종료
- 시험 시작 전 시험과 무관한 프로그램의 실행을 중지시켜 주시기 바랍니다(채팅, 파일공유 등).
- 문제에 (정답)이라고 표시되어 있으면 정답만을 작성란에 기재하고, (정답, URL)이라고 표시되어 있으면 정답과 함께 URL을 반드시 기재하시기 바랍니다. 이를 준수하지 않을 경우 감점, 오답 처리 등 불이익이 있을 수 있습니다.
- 문제 번호에 따라 정답을 아래와 같이 답안파일에 정확히 기록하십시오.

과목	코드	문제유형	시험시간	수험번호	성명
인터넷	1152		60분		

문제번호		답안
문제6	정답	대한민국

- 4번 문제는 번호에 따라 정답과 URL을 아래와 같이 답안파일에 정확히 기록하십시오(URL은 정답을 확인할 수 있는 최종 URL을 기재하십시오).

4	정답	ITQ정보기술자격
	URL	https://www.kpc.or.kr/certification/index.asp

- 4번 문제의 경우 개인 홈페이지나 블로그, 지식 검색(예 : 지식iN, 위키피디아 등)과 같이 개인사견이 들어 있는 사이트, 첨부파일은 정답으로 인정하지 않습니다.
- 9번의 이미지 파일은 인터넷 답안지에 삽입한 후 반드시 지정된 이미지 크기로 변경하시기 바랍니다.
- 문제에서 제시한 단위, Full name 등의 조건에 맞도록 답안을 작성하시기 바랍니다.

인터넷 윤리 (60점, 각 30점)

※ 문제에 대한 적절한 내용의 번호를 골라 답안지에 기재하시오.

[문제 1] 다음 중 스마트폰 중독증상이 아닌 것은?

① 스마트폰을 사용하지 못하면 온 세상을 잃은 것 같은 생각이 든다.
② 스마트폰을 사용하는 것보다 가족이나 친구들과 함께 있는 것이 더 즐겁다.
③ 스마트폰을 사용할 때 그만해야 한다고 생각은 하면서도 계속한다.
④ 스마트폰 사용에 많은 시간을 보내는 것이 습관화 되었다.

[문제 2] 다음 중 악성코드를 이용한 피싱 사기 피해를 예방하는 방법으로 옳지 않은 것은?

•보기•
① 공용 PC 이용 시 보안검사를 실시하며 이용 후 반드시 로그아웃 버튼을 누르기
② 메신저 비밀번호는 주기적으로 변경하기
③ 보안백신을 설치하고 주기적으로 업데이트하기
④ 노트북에 비밀번호를 설정하여 사용하기

인터넷 검색 (370점)

■ 일반검색 I 각 10점

[문제 3] 아시아 태평양 경제협력체(APEC; Asia-Pacific Economic Cooperation) 개최국을 〈보기〉에서 찾아 해당 번호를 답안지에 적으시오(번호).

3-1) APEC 2023 ··· (   )
3-2) APEC 2022 ··· (   )
3-3) APEC 2021 ··· (   )

•보기•
① New Zealand   ② Malaysia   ③ United States of America
④ Korea   ⑤ Thailand

■ 일반검색 II

각 50점

[문제 4] LTE 기반의 동시 멀티미디어 전송 기술 등을 이용하여 특정 지역 내 다수의 사람들에게 그룹통신을 제공하는 기술로, 하나의 공용 방송 채널을 통해 대규모 그룹 통신이 가능하여 대형 재난 지역에 밀집된 수백 명의 구조 요원들이 재난 현장 상황을 실시간으로 공유할 수 있다. 이 기술을 무엇이라 하는지 검색하시오(정답, URL).

[문제 5] 2017년 11월 2일 발생해서 11월 4일 소멸한 태풍은 베트남에 큰 피해를 주었으며 2012년에는 대한민국에 영향을 준 2번째 태풍이었다. 이 태풍의 이름을 검색하시오(정답).

■ 가로 • 세로 정보검색

각 30점

※ 아래 각 문제의 설명을 읽고 가로 · 세로에 알맞은 단어를 답안에 기재하시오(정답).

[문제 6] (가로) '개구리가 올챙이였던 때의 일'이라는 뜻으로, 발전된 현재에 비해서 매우 뒤떨어진 과거의 일을 이르는 사자성어를 검색하시오.

[문제 7] (세로) '별로 힘들이지 않고 거의 저절로'를 이르는 우리말을 검색하시오.

[문제 8] (가로) 동양화에서 씨름하는 장면을 그린 그림을 무엇이라 하는지 검색하시오.

■ **실용검색** 각 50점

[문제 9] 길 찾기 서비스(포털 및 전문 검색사이트)를 이용하여 서울 낙성대역 4번 출구에서 낙성대공원 입구를 도보로 가는 지도 경로를 찾아 전체화면(경로 검색화면 포함)을 캡처하여 답안 파일에 붙여 넣으시오(이미지 크기 150mm x 100mm).

[문제 10] 우정사업본부는 한국-스리랑카 수교 40주년을 맞이해 양국의 화려한 전통문화를 느낄 수 있는 궁중무용을 소재로 기념우표를 발행하였다. 우표 도안 소재로 사용한 스리랑카 궁중무용 이름을 검색하시오(정답).

[문제 11] 1981년 설립된 하와이국제영화제는 영화를 매개체로 아시아와 태평양, 북아메리카 사람들 간의 문화교류와 이해를 목적으로 한다. 제42회 하와이국제영화제(HAWAII INTERNATIONAL FILM FESTIVAL, 2022) 폐막작(작품명)을 검색하시오(정답).

정보 가공 (70점)

※ 제시된 주제에 따라 답안을 완성하시오.

[문제 12] 2022년 FIFA 카타르 월드컵은 22회 월드컵으로 사상 최초로 11월과 12월에 열린 월드컵이며, 이슬람권에서 열리는 첫 번째 월드컵이다. 2022 FIFA 카타르 월드컵에 대한 정보를 검색하여 다음의 안내문 내용을 완성하시오.

[답안]

2022 FIFA 카타르 월드컵	
(12-1) 2022 FIFA 카타르 월드컵 공인구 이미지	(12-2) 2022 FIFA 카타르 월드컵 개최기간(개최국 날짜 기준) (12-3) 2022 FIFA 카타르 월드컵 마스코트 이름 (12-4) 2022 FIFA 카타르 월드컵 결승전 경기장 이름

제09회 실전모의고사

과목	코드	문제유형	시험시간	수험번호	성명
인터넷	1152	D	60분		

수험자 유의사항

- 수험자는 문제지를 받는 즉시 **응시하고자 하는 과목의 문제지가 맞는지 확인**하여야 합니다.
- 시험과 직접 관련이 없는 행위 즉, 각종 웹사이트 로그인, 댓글 달기, 게시, 자료 업로드 등의 행위 또는 답안 내역을 보조기억장치 및 기타 통신수단(게시판, 이메일, 메신저, 네트워크 등)을 이용하여 타인에게 전달 또는 외부로 반출하는 경우는 자격기본법 제32에 의거 부정행위로 간주되어 본 시험 및 국가공인 자격시험을 2년간 응시할 수 없습니다.
- 내 PC₩문서₩ITQ 폴더의 "답안파일-인터넷.hwp" 파일을 열어 파일 이름을 "수험번호-성명-인터넷.hwp"로 답안 폴더에 다시 저장한 후 답안 작성을 시작하여야 하며, 답안문서 파일명이 일치하지 않을 경우 실격 처리됩니다(예 : 12345678-홍길동-인터넷.hwp).
  (시험시 제공되는 답안파일 양식을 사용하지 않을 경우에는 0점 처리됨)
- 답안 작성을 마치면 파일을 저장하고, '답안 전송' 버튼을 선택하여 감독위원 PC로 답안을 전송하십시오. 수험자 정보와 저장한 파일명이 다를 경우 전송되지 않으므로 주의하시기 바랍니다.
- 답안 작성 중에도 **주기적으로 저장하고 답안을 전송**하여야 문제 발생을 줄일 수 있습니다. 작업한 내용을 저장하지 않고 전송할 경우 이전에 저장된 내용이 전송되오니 이점 유의하시기 바랍니다.
- 시험 중 부주의 또는 고의로 시스템을 파손한 경우는 수험자가 변상해야 하며, 〈수험자 유의사항〉에 기재된 방법대로 이행하지 않아 생기는 불이익은 수험자 당사자의 책임임을 알려 드립니다.
- 시험을 완료한 수험자는 답안파일이 전송되었는지 확인한 후 감독위원의 지시에 따라 문제지를 제출하고 퇴실합니다.

답안 작성요령

- 온라인 답안 작성 절차
  수험자 등록 ➡ 시험 시작 ➡ 답안파일 저장 ➡ 답안 전송 ➡ 시험 종료
- 시험 시작 전 시험과 무관한 프로그램의 실행을 중지시켜 주시기 바랍니다(채팅, 파일공유 등).
- 문제에 (정답)이라고 표시되어 있으면 정답만을 작성란에 기재하고, (정답, URL)이라고 표시되어 있으면 정답과 함께 URL을 반드시 기재하시기 바랍니다. 이를 준수하지 않을 경우 감점, 오답 처리 등 불이익이 있을 수 있습니다.
- 문제 번호에 따라 정답을 아래와 같이 답안파일에 정확히 기록하십시오.

과목	코드	문제유형	시험시간	수험번호	성명
인터넷	1152		60분		

문제번호		답안
문제6	정답	대한민국

- 4번 문제는 번호에 따라 정답과 URL을 아래와 같이 답안파일에 정확히 기록하십시오(URL은 정답을 확인할 수 있는 최종 URL을 기재하십시오).

4	정답	ITQ정보기술자격
	URL	https://www.kpc.or.kr/certification/index.asp

- 4번 문제의 경우 개인 홈페이지나 블로그, 지식 검색(예 : 지식iN, 위키피디아 등)과 같이 개인사견이 들어 있는 사이트, 첨부파일은 정답으로 인정하지 않습니다.
- 9번의 이미지 파일은 인터넷 답안지에 삽입한 후 반드시 지정된 이미지 크기로 변경하시기 바랍니다.
- 문제에서 제시한 단위, Full name 등의 조건에 맞도록 답안을 작성하시기 바랍니다.

인터넷 윤리  (60점, 각 30점)

※ 문제에 대한 적절한 내용의 번호를 골라 답안지에 기재하시오.

[문제 1] 다음 중 스마트폰 정보보호를 위한 이용자 안전수칙으로 옳지 않은 것은?

① 다운로드 한 파일은 바이러스 유무를 검사한 후 사용한다.
② 운영체제 및 백신 프로그램을 항상 최신 버전으로 업데이트한다.
③ 스마트폰 플랫폼의 구조를 임의로 변경하지 않는다.
④ 블루투스(Bluetooth) 기능 등 무선 인터페이스는 항상 켜놓는다.

[문제 2] 다음 중 보이스피싱 사기 유형에 해당하는 것은?

• 보기 •
① 공신력 있는 업체나 금융기관의 위장 사이트를 개설하여 금융정보를 수집한 후 이를 악용하여 금전적 이익을 노리는 행위
② 휴대폰으로 링크가 포함된 문자를 보내 사용자가 웹사이트에 접속하면 악성코드를 주입해 개인 정보를 탈취하는 행위
③ 검찰, 금융감독원을 사칭하여 금융정보유출이나 범죄사건 연루 등으로부터 피해자를 보호해주겠다며 송금을 요구하는 행위
④ 해커가 이용자의 컴퓨터에 악성 코드를 설치하여 정상적인 주소를 입력해도 위조사이트로 이동하게 하여 금융정보를 탈취하는 행위

인터넷 검색 (370점)

■ 일반검색 Ⅰ   각 10점

[문제 3] 지자체별 공공자전거의 이름을 〈보기〉에서 찾아 해당 번호를 답안지에 적으시오(번호).

3-1) 대전광역시 ·· (   )
3-2) 전라남도 순천시 ·· (   )
3-3) 경상남도 거창군 ·· (   )

• 보기 •
① 누비자   ② 타슈   ③ 그린씽   ④ 온누리   ⑤ 페달로

■ 일반검색 II

각 50점

[문제 4] 인터넷에서 이미지, 동영상, 해시태그, 유행어 등의 형태로 급속도로 확산되어 사회 문화의 일부로 자리 잡은 소셜 아이디어, 활동, 트렌드 등을 일컫는 용어를 검색하시오(정답, URL).

[문제 5] 표준지공시지가란 대한민국 전국의 개별토지 중 지가 대표성 등이 있는 토지를 선정·조사하여 평가·공시하는 것으로서 매년 1월 1일 기준 표준지의 단위면적당 가격 가격(원/m²)을 말한다. 다음 소재지의 2021년 표준지공시지가 (단위 : 원)를 검색하시오(정답).

> 부산광역시 수영구 광안동 50-27 수영로타리 동측 인근

■ 가로 · 세로 정보검색

각 30점

※ 아래 각 문제의 설명을 읽고 가로 · 세로에 알맞은 단어를 답안에 기재하시오(정답).

[문제 6] (세로) '한창 바쁠 때 쓸데없는 일로 남을 귀찮게 구는 짓'을 이르는 우리말을 검색하시오.

[문제 7] (가로) '범인과 성인의 구별은 있지만, 본성은 일체 평등하다'를 의미하는 사자성어를 검색하시오.

[문제 8] (세로) 조선 세종 때의 연향(宴享) 음악의 하나로 한문 가사에 경기체가 형식으로 되어 있다. 이 음악을 무엇이라 했는지 검색하시오.

■ **실용검색**　　　　　　　　　　　　　　　　　　　　　　　　　　각 50점

[문제 9]　지하철 노선 경로 찾기 서비스(포털 및 전문 검색사이트)를 이용하여 부산 오시리아역에서 낙민역을 지하철로 가는 경로(최소시간)를 찾아 전체화면(경로 검색화면 포함)을 캡처하여 답안 파일에 붙여 넣으시오(이미지 크기 150mm x 100mm).

[문제 10]　2022 대한민국 관광기념품 박람회는 대한민국 관광공모전(기념품 부분) 수상작과 전국 각 지역을 대표하는 관광기념품을 전시하고 있다. 2022년 대한민국 관광공모전(기념품 부분)에서 대상(대통령상)을 수상한 출품작(제품명)을 검색하시오(정답).

[문제 11]　전기충전소 현황은 '환경부 전기차 충전소'와 '한국전력 전기차 충전서비스'에서 실시간으로 확인할 수 있다. 공공기관(환경부 또는 한국전력)에서 운영하는 강원도 철원군 전기충전소의 위치(도로명 주소)를 검색하시오(정답).

 정보 가공　　　　　　　　　　　　　　　　　　　(70점)

※ 제시된 주제에 따라 답안을 완성하시오.

[문제 12]　'또 하나의 인천공항'으로 불리는 인천국제공항 제2여객터미널이 개장되었다. 인천국제공항 제2여객터미널에 대한 정보를 검색하여 다음의 안내문 내용을 완성하시오.

[답안]

인천국제공항 제2여객터미널	
(12-1) 인천국제공항공사 슬로건 이미지	(12-2) 인천공항 제2여객터미널 오픈일(월일)
	(12-3) 인천공항 제2여객터미널 취항항공사(4개)
	(12-4) 인천공항 2터미널역 공항철도(직통열차) 첫차 출발시각

실전모의고사

과목	코드	문제유형	시험시간	수험번호	성명
인터넷	1152	E	60분		

수험자 유의사항

- 수험자는 문제지를 받는 즉시 **응시하고자 하는 과목의 문제지가 맞는지 확인**하여야 합니다.
- 시험과 직접 관련이 없는 행위 즉, 각종 웹사이트 로그인, 댓글 달기, 게시, 자료 업로드 등의 행위 또는 답안 내역을 보조기억장치 및 기타 통신수단(게시판, 이메일, 메신저, 네트워크 등)을 이용하여 타인에게 전달 또는 외부로 반출하는 경우는 자격기본법 제32에 의거 부정행위로 간주되어 본 시험 및 국가공인 자격시험을 2년간 응시할 수 없습니다.
- 내 PC\문서\ITQ 폴더의 "답안파일-인터넷.hwp" 파일을 열어 파일 이름을 "수험번호-성명-인터넷.hwp"로 답안 폴더에 다시 저장한 후 답안 작성을 시작하여야 하며, 답안문서 파일명이 일치하지 않을 경우 실격 처리됩니다(예 : 12345678-홍길동-인터넷.hwp).
  (시험시 제공되는 답안파일 양식을 사용하지 않을 경우에는 0점 처리됨)
- 답안 작성을 마치면 파일을 저장하고, '답안 전송' 버튼을 선택하여 감독위원 PC로 답안을 전송하십시오. 수험자 정보와 저장한 파일명이 다를 경우 전송되지 않으므로 주의하시기 바랍니다.
- 답안 작성 중에도 **주기적으로 저장하고 답안을 전송**하여야 문제 발생을 줄일 수 있습니다. 작업한 내용을 저장하지 않고 전송할 경우 이전에 저장된 내용이 전송되오니 이점 유의하시기 바랍니다.
- 시험 중 부주의 또는 고의로 시스템을 파손한 경우는 수험자가 변상해야 하며, 〈수험자 유의사항〉에 기재된 방법대로 이행하지 않아 생기는 불이익은 수험자 당사자의 책임임을 알려 드립니다.
- 시험을 완료한 수험자는 답안파일이 전송되었는지 확인한 후 감독위원의 지시에 따라 문제지를 제출하고 퇴실합니다.

답안 작성요령

- 온라인 답안 작성 절차
  수험자 등록 ➡ 시험 시작 ➡ 답안파일 저장 ➡ 답안 전송 ➡ 시험 종료
- 시험 시작 전 시험과 무관한 프로그램의 실행을 중지시켜 주시기 바랍니다(채팅, 파일공유 등).
- 문제에 (정답)이라고 표시되어 있으면 정답만을 작성란에 기재하고, (정답, URL)이라고 표시되어 있으면 정답과 함께 URL을 반드시 기재하시기 바랍니다. 이를 준수하지 않을 경우 감점, 오답 처리 등 불이익이 있을 수 있습니다.
- 문제 번호에 따라 정답을 아래와 같이 답안파일에 정확히 기록하십시오.

과목	코드	문제유형	시험시간	수험번호	성명
인터넷	1152		60분		

문제번호	답안
문제6 정답	대한민국

- 4번 문제는 번호에 따라 정답과 URL을 아래와 같이 답안파일에 정확히 기록하십시오(URL은 정답을 확인할 수 있는 최종 URL을 기재하십시오).

4	정답	ITQ정보기술자격
	URL	https://www.kpc.or.kr/certification/index.asp

- 4번 문제의 경우 개인 홈페이지나 블로그, 지식 검색(예 : 지식iN, 위키피디아 등)과 같이 개인사견이 들어 있는 사이트, 첨부파일은 정답으로 인정하지 않습니다.
- 9번의 이미지 파일은 인터넷 답안지에 삽입한 후 반드시 지정된 이미지 크기로 변경하시기 바랍니다.
- 문제에서 제시한 단위, Full name 등의 조건에 맞도록 답안을 작성하시기 바랍니다.

 인터넷 윤리   (60점, 각 30점)

※ 문제에 대한 적절한 내용의 번호를 골라 답안지에 기재하시오.

[문제 1] 다음 중 보안이 가장 우수한 비밀번호 사용법으로 옳은 것은?

① 영문, 숫자, 기호로 조합한 10자리 이상의 비밀번호 만들기
② 가족, 친구 등과 비밀번호 공유하기
③ 하나의 비밀번호로 모든 사이트 이용하기
④ 12345와 같이 기억하기 쉬운 숫자로 된 비밀번호 만들기

[문제 2] 다음 중 인터넷 중독 증상을 나타내고 있는 것은?

• 보기 •
① 인터넷을 이용하여 쇼핑과 자료검색을 한다.
② 인터넷을 하루에 2시간 사용한다.
③ 아바타에 의존하고 대인관계가 줄어든다.
④ 상대방과 전화 통화시간이 길어진다.

 인터넷 검색   (370점)

■ 일반검색 Ⅰ   각 10점

[문제 3] 다음 영화제의 개최기간을 〈보기〉에서 찾아 해당 번호를 답안지에 적으시오(번호).

3-1) Festival de Cannes 2023 ·· (   )
3-2) Berlin International Film Festival 2023 ····························· (   )
3-3) International Film Festival Rotterdam 2023 ······················ (   )

• 보기 •
① 1월 25일 – 2월 5일   ② 2월 16일 – 2월 26일   ③ 4월 27일 – 5월 6일
④ 5월 16일 – 5월 27일   ⑤ 5월 18일 – 5월 24일

■ 일반검색 Ⅱ   `각 50점`

[문제 4] 컴퓨터에서 컴파일러 또는 번역기가 원시 부호를 기계어로 번역하는 과정의 한 단계로, 각 문장의 문법적인 구성 또는 구문을 분석하는 과정이다. 이것을 일컫는 용어를 검색하시오(정답, URL).

[문제 5] 신적설은 정해진 시간에 내려 쌓인 눈의 높이를 말한다. 2022년 1월 중 기상청 울릉도 유인관서에서 관측한 일 최대 신적설(단위 : cm, 소수 첫째 자리까지 표시)을 검색하시오(정답).

■ 가로 · 세로 정보검색   `각 30점`

※ 아래 각 문제의 설명을 읽고 가로 · 세로에 알맞은 단어를 답안에 기재하시오(정답).

[문제 6] (세로) '말이나 행동이 침착하고 단정하지 못하며 어설프고 서투른 모양'을 이르는 우리말을 검색하시오.

[문제 7] (세로) 1922년에 중국 상하이에서 김구, 여운형 등이 조직한 독립운동 단체로 군인 양성과 군비 조달에 주력하였다. 이 단체의 이름을 검색하시오.

[문제 8] (가로) '입 다물기를 병마개 막듯이 하라'는 뜻으로, 비밀을 남에게 말하지 말라는 의미의 사자성어를 검색하시오.

■ **실용검색**　　　　　　　　　　　　　　　　　　　　　　　　　　　　　　　각 50점

[문제 9] 길 찾기 서비스(포털 및 전문 검색사이트)를 이용하여 <u>강릉역 2번 출구</u>에서 <u>강릉올림픽파크 강릉아이스아레나</u>를 도보로 가는 지도 경로를 찾아 전체화면(경로 검색화면 포함)을 캡처하여 답안 파일에 붙여 넣으시오(이미지 크기 150mm × 100mm).

[문제 10] 유네스코 세계유산은 '탁월한 보편적 가치(OUV : Outstanding Universal Value)'를 갖고 있는 부동산 유산을 대상으로 한다. 세계유산 운영지침은 유산의 탁월한 가치를 평가하기 위한 기준으로 10가지 가치 평가 기준을 제시하고 있다. 2015년에 세계유산으로 등재된 백제역사유적지구는 등재기준 중 <u>몇 번과 몇 번</u>을 충족하여 등재되었는지 검색하시오(정답).

[문제 11] 사전투표는 선거권이 있는 사람이면 누구든지 선거일 전에 사전투표소가 설치된 전국 어디에서나 투표할 수 있는 제도이다. 제8회 전국동시지방선거의 <u>사전투표기간</u>(월일)을 검색하시오(정답).

정보 가공 (70점)

※ 제시된 주제에 따라 답안을 완성하시오.

[문제 12] 2022 항저우 아시안 게임은 중국에서 세 번째 개최하는 하계 아시안 게임이다. 2022 항저우 아시안 게임에 대한 정보를 검색하여 다음의 안내문 내용을 완성하시오.

[답안]

제19회 아시아경기대회(아시안 게임)	
(12-1) 항저우 아시안게임 엠블럼(emblem) <u>이미지</u>	(12-2) 항저우 아시안게임 <u>개막일</u>(월일) (12-3) 항저우 아시안게임 마스코트 <u>이름</u>(3개) (12-4) 중국의 하계 아시안게임 역대 개최 <u>도시</u>(2곳)

제11회 실전모의고사

과목	코드	문제유형	시험시간	수험번호	성명
인터넷	1152	A	60분		

수험자 유의사항

- 수험자는 문제지를 받는 즉시 **응시하고자 하는 과목의 문제지가 맞는지 확인**하여야 합니다.
- 시험과 직접 관련이 없는 행위 즉, 각종 웹사이트 로그인, 댓글 달기, 게시, 자료 업로드 등의 행위 또는 답안 내역을 보조기억장치 및 기타 통신수단(게시판, 이메일, 메신저, 네트워크 등)을 이용하여 타인에게 전달 또는 외부로 반출하는 경우는 자격기본법 제32에 의거 부정행위로 간주되어 본 시험 및 국가공인 자격시험을 2년간 응시할 수 없습니다.
- 내 PC₩문서₩ITQ 폴더의 "답안파일-인터넷.hwp" 파일을 열어 파일 이름을 "수험번호-성명-인터넷.hwp"로 답안 폴더에 다시 저장한 후 답안 작성을 시작하여야 하며, 답안문서 파일명이 일치하지 않을 경우 실격 처리됩니다(예 : 12345678-홍길동-인터넷.hwp).
  (시험시 제공되는 답안파일 양식을 사용하지 않을 경우에는 0점 처리됨)
- 답안 작성을 마치면 파일을 저장하고, '답안 전송' 버튼을 선택하여 감독위원 PC로 답안을 전송하십시오. 수험자 정보와 저장한 파일명이 다를 경우 전송되지 않으므로 주의하시기 바랍니다.
- 답안 작성 중에도 **주기적으로 저장하고 답안을 전송**하여야 문제 발생을 줄일 수 있습니다. 작업한 내용을 저장하지 않고 전송할 경우 이전에 저장된 내용이 전송되오니 이점 유의하시기 바랍니다.
- 시험 중 부주의 또는 고의로 시스템을 파손한 경우는 수험자가 변상해야 하며, 〈수험자 유의사항〉에 기재된 방법대로 이행하지 않아 생기는 불이익은 수험자 당사자의 책임임을 알려 드립니다.
- 시험을 완료한 수험자는 답안파일이 전송되었는지 확인한 후 감독위원의 지시에 따라 문제지를 제출하고 퇴실합니다.

답안 작성요령

- 온라인 답안 작성 절차
  수험자 등록 ➡ 시험 시작 ➡ 답안파일 저장 ➡ 답안 전송 ➡ 시험 종료
- 시험 시작 전 시험과 무관한 프로그램의 실행을 중지시켜 주시기 바랍니다(채팅, 파일공유 등).
- 문제에 (정답)이라고 표시되어 있으면 정답만을 작성란에 기재하고, (정답, URL)이라고 표시되어 있으면 정답과 함께 URL을 반드시 기재하시기 바랍니다. 이를 준수하지 않을 경우 감점, 오답 처리 등 불이익이 있을 수 있습니다.
- 문제 번호에 따라 정답을 아래와 같이 답안파일에 정확히 기록하십시오.

과목	코드	문제유형	시험시간	수험번호	성명
인터넷	1152		60분		

문제번호		답안
문제6	정답	대한민국

- 4번 문제는 번호에 따라 정답과 URL을 아래와 같이 답안파일에 정확히 기록하십시오(URL은 정답을 확인할 수 있는 최종 URL을 기재하십시오).

4	정답	ITQ정보기술자격
	URL	https://www.kpc.or.kr/certification/index.asp

- 4번 문제의 경우 개인 홈페이지나 블로그, 지식 검색(예 : 지식iN, 위키피디아 등)과 같이 개인사견이 들어 있는 사이트, 첨부파일은 정답으로 인정하지 않습니다.
- 9번의 이미지 파일은 인터넷 답안지에 삽입한 후 반드시 지정된 이미지 크기로 변경하시기 바랍니다.
- 문제에서 제시한 단위, Full name 등의 조건에 맞도록 답안을 작성하시기 바랍니다.

인터넷 윤리 (60점, 각 30점)

※ 문제에 대한 적절한 내용의 번호를 골라 답안지에 기재하시오.

[문제 1] 다음 중 정보통신망법에서 보호하는 개인정보의 범위가 아닌 것은?

① 얼굴, 지문, 음성
② 도서 및 비디오 등의 대여기록
③ 자격증 보유내역
④ 법인의 상호, 영업소재지

[문제 2] 다음 중 파밍(pharming)의 수법을 나타내고 있는 것은?

• 보기 •

① 검색엔진에서 은행을 검색하여 접속했는데 위조사이트로 이동하여 개인금융 정보를 입력
② 금융기관을 가장해 온 이메일로 인터넷 사이트에서 개인금융 정보를 입력
③ 문자 메시지의 인터넷주소를 클릭하면 악성코드가 설치되어 피해자가 모르는 사이에 소액결제 피해 발생
④ 엄청난 양의 접속신호를 한 사이트에 집중적으로 보냄으로써 상대 컴퓨터의 서버를 접속 불능 상태로 만들어 버리는 해킹

인터넷 검색 (370점)

■ 일반검색 I 　　　　　　　　　　　　　　　　　　　　　　　　　　　　　　　　각 10점

[문제 3] 다음 대한민국의 국가민속문화재 명칭을 〈보기〉에서 찾아 해당 번호를 답안지에 적으시오(번호).

3-1) 제10호 ·· (　　　)
3-2) 제20호 ·· (　　　)
3-3) 제31호 ·· (　　　)

• 보기 •

① 남은들 상여　　　② 남원 서천리 당산　　　③ 보부상 유품
④ 홍극가 묘 출토복식　　　⑤ 창녕 진양하씨 고택

■ 일반검색 II   각 50점

[문제 4] 자신이 다니는 회사의 임금, 복지 등을 디지털 공간에서 공유하는 영향력이 큰 직원을 일컫는 용어를 검색하시오(정답, URL).

[문제 5] 한국표준직업분류는 국가 기본통계 작성을 위한 분류 기준이 되며, 직종별 급여 및 수당 지급의 결정, 사회보험 요율 적용 기준, 각종 법령 등에서 준용되고 있다. 제7차 개정 한국표준직업분류(KSCO)에서 '화이트해커'의 분류코드(세세분류)를 검색하시오(정답).

■ 가로·세로 정보검색   각 30점

※ 아래 각 문제의 설명을 읽고 가로·세로에 알맞은 단어를 답안에 기재하시오(정답).

[문제 6] (세로) '남과 잘 사귀는 솜씨'를 이르는 우리말을 검색하시오.

[문제 7] (세로) 조선 시대에, 감사(監司)·수군통제사·병마절도사가 바뀔 때에 부신(符信)을 서로 주고받던 일을 무엇이라 했는지 검색하시오.

[문제 8] (가로) '돈으로는 귀신도 부릴 수 있다'는 뜻으로, 돈의 위력을 비유한 사자성어를 검색하시오.

■ **실용검색**　　　　　　　　　　　　　　　　　　　　　　　　　　각 50점

[문제 9]　길 찾기 서비스(포털 및 전문 검색사이트)를 이용하여 충청남도 공주시 공산성 매표소에서 웅진백제문화역사관 입구를 도보로 가는 지도 경로를 찾아 전체화면(경로 검색화면 포함)을 캡처하여 답안 파일에 붙여 넣으시오(이미지 크기 150mm x 100mm).

[문제 10]　매년 2월 2일은 습지의 가치와 중요성을 알리기 위해 유엔에서 국제기념일로 정한 세계 습지의 날(World Wetlands Day)이다. 2022년 세계 습지의 날의 주제(한글 또는 영문)를 검색하시오(정답).

[문제 11]　경남 김해시 진영과 부산 기장군을 잇는 부산외곽순환고속도로가 2월 7일 개통했다. 한국도로공사 홈페이지에서 통행요금조회를 찾아 동창원(출발요금소)-기장철마(도착요금소) 간 45.5km를 고속도로를 이용할 경우 1종(소형차)으로 구분되는 일반승용차의 통행요금(현금 정상요금, 단위 : 원)을 검색하시오(정답).

 정보 가공　　　　　　　　　　　　　　　　　　　　　　(70점)

※ 제시된 주제에 따라 답안을 완성하시오.

[문제 12]　경상북도 울진군은 '2022~2023 울진 방문의 해' 추진을 통해 우수한 관광자원을 적극홍보하고 대규모 관광 프로젝트 기반시설을 바탕으로 차별화된 콘텐츠를 개발해 관광객 유치 500만 시대를 달성한다는 계획이다. 경상북도 울진군에 대한 정보를 검색하여 다음의 안내문 내용을 완성하시오.

[답안]

	2022~2023 울진 방문의 해
(12-1) 울진군 심벌마크 이미지	(12-2) 울진 왕피천 케이블카 - 크리스탈캐빈 이용요금 　　　　(대인, 왕복 기준) (12-3) 울진 죽변면 드라마 촬영지의 드라마 제목 (12-4) 울진과학체험관 주소(도로명 주소)

제11회 _ 실전모의고사　103

제12회 실전모의고사

과목	코드	문제유형	시험시간	수험번호	성명
인터넷	1152	B	60분		

수험자 유의사항

- 수험자는 문제지를 받는 즉시 **응시하고자 하는 과목의 문제지가 맞는지 확인**하여야 합니다.
- 시험과 직접 관련이 없는 행위 즉, 각종 웹사이트 로그인, 댓글 달기, 게시, 자료 업로드 등의 행위 또는 답안 내역을 보조기억장치 및 기타 통신수단(게시판, 이메일, 메신저, 네트워크 등)을 이용하여 타인에게 전달 또는 외부로 반출하는 경우는 자격기본법 제32에 의거 부정행위로 간주되어 본 시험 및 국가공인 자격시험을 2년간 응시할 수 없습니다.
- 내 PC₩문서₩ITQ 폴더의 "답안파일–인터넷.hwp" 파일을 열어 파일 이름을 "수험번호–성명–인터넷.hwp"로 답안 폴더에 다시 저장한 후 답안 작성을 시작하여야 하며, 답안문서 파일명이 일치하지 않을 경우 실격 처리됩니다(예 : 12345678–홍길동–인터넷.hwp).
(시험시 제공되는 답안파일 양식을 사용하지 않을 경우에는 0점 처리됨)
- 답안 작성을 마치면 파일을 저장하고, '답안 전송' 버튼을 선택하여 감독위원 PC로 답안을 전송하십시오. 수험자 정보와 저장한 파일명이 다를 경우 전송되지 않으므로 주의하시기 바랍니다.
- 답안 작성 중에도 **주기적으로 저장하고 답안을 전송**하여야 문제 발생을 줄일 수 있습니다. 작업한 내용을 저장하지 않고 전송할 경우 이전에 저장된 내용이 전송되오니 이점 유의하시기 바랍니다.
- 시험 중 부주의 또는 고의로 시스템을 파손한 경우는 수험자가 변상해야 하며, 〈수험자 유의사항〉에 기재된 방법대로 이행하지 않아 생기는 불이익은 수험자 당사자의 책임임을 알려 드립니다.
- 시험을 완료한 수험자는 답안파일이 전송되었는지 확인한 후 감독위원의 지시에 따라 문제지를 제출하고 퇴실합니다.

답안 작성요령

- 온라인 답안 작성 절차
수험자 등록 ➡ 시험 시작 ➡ 답안파일 저장 ➡ 답안 전송 ➡ 시험 종료
- 시험 시작 전 시험과 무관한 프로그램의 실행을 중지시켜 주시기 바랍니다(채팅, 파일공유 등).
- 문제에 (정답)이라고 표시되어 있으면 정답만을 작성란에 기재하고, (정답, URL)이라고 표시되어 있으면 정답과 함께 URL을 반드시 기재하시기 바랍니다. 이를 준수하지 않을 경우 감점, 오답 처리 등 불이익이 있을 수 있습니다.
- 문제 번호에 따라 정답을 아래와 같이 답안파일에 정확히 기록하십시오.

과목	코드	문제유형	시험시간	수험번호	성명
인터넷	1152		60분		

문제번호		답안
문제6	정답	대한민국

- 4번 문제는 번호에 따라 정답과 URL을 아래와 같이 답안파일에 정확히 기록하십시오(URL은 정답을 확인할 수 있는 최종 URL을 기재하십시오).

4	정답	ITQ정보기술자격
	URL	https://www.kpc.or.kr/certification/index.asp

- 4번 문제의 경우 개인 홈페이지나 블로그, 지식 검색(예 : 지식iN, 위키피디아 등)과 같이 개인사견이 들어 있는 사이트, 첨부파일은 정답으로 인정하지 않습니다.
- 9번의 이미지 파일은 인터넷 답안지에 삽입한 후 반드시 지정된 이미지 크기로 변경하시기 바랍니다.
- 문제에서 제시한 단위, Full name 등의 조건에 맞도록 답안을 작성하시기 바랍니다.

인터넷 윤리 (60점, 각 30점)

※ 문제에 대한 적절한 내용의 번호를 골라 답안지에 기재하시오.

[문제 1] 다음 중 개인정보 오남용 피해방지를 위한 안전 수칙으로 옳지 않은 것은?

① 회원가입을 할 때는 개인정보처리방침 및 약관을 꼼꼼히 살핀다.
② 여러 사람이 함께 사용하는 컴퓨터에서는 금융거래를 이용하지 않는다.
③ 개인정보는 가장 가까운 친구에게만 정보를 공유한다.
④ P2P 공유폴더에 개인정보를 저장하지 않는다.

[문제 2] 다음 중 불법 소프트웨어 단속대상인 것은?

• 보기 •

① 개인이 기업용 소프트웨어를 구매해 사용하는 경우
② 다운로드 소프트웨어를 구매 후 USB에 저장한 경우
③ 한글 OS(윈도 10 등)에 영문 응용프로그램을 사용하고 있는 경우
④ 정품 CD 1장으로 인증서에 표기된 허용 사용자 수 이상 PC에 설치하는 경우

인터넷 검색 (370점)

■ 일반검색 I 각 10점

[문제 3] 다음 2023년 아카데미상(Academy Award, OSCAR)의 수상작품을 〈보기〉에서 찾아 해당 번호를 답안지에 적으시오(번호).

3-1) 각본상 : Writing (Original Screenplay) ·· (   )
3-2) 촬영상 : Cinematography ·· (   )
3-3) 의상상 : Costume Design ··· (   )

• 보기 •

① Im Westen nights Neues   ② Call Me by Your Name   ③ Dunkirk
④ Everything Everywhere All At Once   ⑤ Black Panther : Wakanda Forever

■ 일반검색 Ⅱ 　　　　　　　　　　　　　　　　　　　　　　　　　　　　　각 50점

[문제 4] 주가지표의 변동과 동일한 투자성과의 실현을 목표로 구성된 포트폴리오인 인덱스펀드를 거래소에 상장시켜 투자자들이 주식처럼 편리하게 거래할 수 있게 만든 상품을 무엇이라고 하는지 검색하시오(정답, URL).

[문제 5] 경칩(驚蟄)은 24절기의 하나로 날씨가 따뜻하여 겨울잠을 자던 동물들이 깨어나서 땅 위로 나오려고 꿈틀거린다고 하여 이런 이름이 생겨났다. 2022년 경칩(驚蟄)인 날에 기상청 광양 무인관서에서 관측한 일최고기온(단위 : ˚C, 소수 첫째 자리까지 표시)을 검색하시오(정답).

■ 가로·세로 정보검색 　　　　　　　　　　　　　　　　　　　　　　　　　각 30점

※ 아래 각 문제의 설명을 읽고 가로·세로에 알맞은 단어를 답안에 기재하시오(정답).

[문제 6] (가로) '재원을 늘리고 지출을 줄인다.'는 뜻으로, 부를 이루기 위하여 반드시 지켜야 할 원칙을 비유한 사자성어를 검색하시오.

[문제 7] (세로) '쓸데없는 이야기로 이러쿵저러쿵하는 모양'을 이르는 우리말을 검색하시오.

[문제 8] (세로) 하천의 쟁탈 작용으로 상류 부분이 다른 하천으로 흡수되어 버린 하천을 무엇이라 하는지 검색하시오.

■ **실용검색**　　　　　　　　　　　　　　　　　　　　　　　　　　　각 50점

[문제 9] 지하철 노선 경로 찾기 서비스(포털 및 전문 검색사이트)를 이용하여 수도권 인천터미널역에서 남부터미널역을 지하철(전철)로 가는 경로(최소시간)를 찾아 전체화면(경로 검색화면 포함)을 캡처하여 답안 파일에 붙여 넣으시오(이미지 크기 150mm x 100mm).

[문제 10] 페트로나스 트윈 타워(Petronas Twin Towers)는 말레이시아의 수도인 쿠알라룸푸르에 있는 건물로 세계에서 가장 높은 쌍둥이 건물이라는 이름을 가지고 있다. 페트로나스 트윈 타워 전망대의 티켓요금 (Adult Ticket Price; 외국인(Non-Mykad); 화폐단위-RM; 할인 없음)을 검색하시오(정답).

[문제 11] '산의 날'은 국제연합(UN)이 2022년을 '세계 산의 해(the International Year of Mountains)'로 선언한 것을 계기로, 산림청이 '국민이 산에 직접 가서 산을 느끼고 체험하는 기회를 가짐으로써 산의 가치와 소중함에 대한 인식을 높이기 위해' 제정했다. 한국의 산의 날(월일)을 검색하시오(정답).

 **정보 가공**　　　　　　　　　　　　　　　　　　　　　　　　　　(70점)

※ 제시된 주제에 따라 답안을 완성하시오.

[문제 12] 독서대전은 매년 시군 한 곳을 책의 도시로 선포해 다양한 독서 체험 기회를 제공하는 행사로 '2022 대한민국 독서대전'이 강원도 원주에서 비대면 온라인 방식으로 열리고 있으며 본행사는 가을에 개최한다. 2022 대한민국 독서대전이 열리는 원주에 대한 정보를 검색하여 다음의 안내문 내용을 완성하시오.

[답안]

2022 대한민국 독서대전 원주	
(12-1) 원주시 심벌마크(대표상징) 이미지	(12-2) 2022 대한민국 독서대전 원주 본행사 개막일(월일)
	(12-3) 박경리 뮤지엄 관람요금(개인, 일반)
	(12-4) 중천철학도서관 주소(도로명 주소)

제13회 실전모의고사

과목	코드	문제유형	시험시간	수험번호	성명
인터넷	1152	C	60분		

수험자 유의사항

- 수험자는 문제지를 받는 즉시 **응시하고자 하는 과목의 문제지가 맞는지 확인**하여야 합니다.
- 시험과 직접 관련이 없는 행위 즉, 각종 웹사이트 로그인, 댓글 달기, 게시, 자료 업로드 등의 행위 또는 답안 내역을 보조기억장치 및 기타 통신수단(게시판, 이메일, 메신저, 네트워크 등)을 이용하여 타인에게 전달 또는 외부로 반출하는 경우는 자격기본법 제32에 의거 부정행위로 간주되어 본 시험 및 국가공인 자격시험을 2년간 응시할 수 없습니다.
- 내 PC\문서\ITQ 폴더의 "답안파일-인터넷.hwp" 파일을 열어 파일 이름을 "수험번호-성명-인터넷.hwp"로 답안 폴더에 다시 저장한 후 답안 작성을 시작하여야 하며, 답안문서 파일명이 일치하지 않을 경우 실격 처리됩니다(예 : 12345678-홍길동-인터넷.hwp).
  (시험시 제공되는 답안파일 양식을 사용하지 않을 경우에는 0점 처리됨)
- 답안 작성을 마치면 파일을 저장하고, '답안 전송' 버튼을 선택하여 감독위원 PC로 답안을 전송하십시오. 수험자 정보와 저장한 파일명이 다를 경우 전송되지 않으므로 주의하시기 바랍니다.
- 답안 작성 중에도 **주기적으로 저장하고 답안을 전송**하여야 문제 발생을 줄일 수 있습니다. 작업한 내용을 저장하지 않고 전송할 경우 이전에 저장된 내용이 전송되오니 이점 유의하시기 바랍니다.
- 시험 중 부주의 또는 고의로 시스템을 파손한 경우는 수험자가 변상해야 하며, 〈수험자 유의사항〉에 기재된 방법대로 이행하지 않아 생기는 불이익은 수험자 당사자의 책임임을 알려 드립니다.
- 시험을 완료한 수험자는 답안파일이 전송되었는지 확인한 후 감독위원의 지시에 따라 문제지를 제출하고 퇴실합니다.

답안 작성요령

- 온라인 답안 작성 절차
  수험자 등록 ➡ 시험 시작 ➡ 답안파일 저장 ➡ 답안 전송 ➡ 시험 종료
- 시험 시작 전 시험과 무관한 프로그램의 실행을 중지시켜 주시기 바랍니다(채팅, 파일공유 등).
- 문제에 (정답)이라고 표시되어 있으면 정답만을 작성란에 기재하고, (정답, URL)이라고 표시되어 있으면 정답과 함께 URL을 반드시 기재하시기 바랍니다. 이를 준수하지 않을 경우 감점, 오답 처리 등 불이익이 있을 수 있습니다.
- 문제 번호에 따라 정답을 아래와 같이 답안파일에 정확히 기록하십시오.

과목	코드	문제유형	시험시간	수험번호	성명
인터넷	1152		60분		

문제번호		답안
문제6	정답	대한민국

- 4번 문제는 번호에 따라 정답과 URL을 아래와 같이 답안파일에 정확히 기록하십시오(URL은 정답을 확인할 수 있는 최종 URL을 기재하십시오).

	정답	ITQ정보기술자격
4	URL	https://www.kpc.or.kr/certification/index.asp

- 4번 문제의 경우 개인 홈페이지나 블로그, 지식 검색(예 : 지식iN, 위키피디아 등)과 같이 개인사견이 들어 있는 사이트, 첨부파일은 정답으로 인정하지 않습니다.
- 9번의 이미지 파일은 인터넷 답안지에 삽입한 후 반드시 지정된 이미지 크기로 변경하시기 바랍니다.
- 문제에서 제시한 단위, Full name 등의 조건에 맞도록 답안을 작성하시기 바랍니다.

인터넷 윤리 (60점, 각 30점)

※ 문제에 대한 적절한 내용의 번호를 골라 답안지에 기재하시오.

[문제 1] 다음 중 인터넷의 역기능이 아닌 것은?

① 유해정보 유통
② 쌍방향성
③ 개인정보 침해
④ 인터넷 중독

[문제 2] 안전한 전자상거래를 위한 인터넷쇼핑몰 이용소비자의 안전수칙으로 옳지 않은 것은?

• 보기 •
① 교환, 환불, 반품조건 등을 확인하고 거래한다.
② 안전한 결제가 이루어지는 사이트인지 확인한다.
③ 우수전자거래 사업자 인증(eTrust) 표시가 있는 곳만 이용한다.
④ 사이트에 사업자정보(상호, 주소, 전화번호 등)가 기재되어 있는지 확인한다.

인터넷 검색 (370점)

■ 일반검색 I   각 10점

[문제 3] 다음 책 제목의 ISBN을 〈보기〉에서 찾아 해당 번호를 답안지에 적으시오(번호).

3-1) 방언의 발견 ·· (   )
3-2) 처칠 팩터 ·· (   )
3-3) 로봇과 일자리 : 어떻게 준비할 것인가? ·················· (   )

• 보기 •
① 9788993166798   ② 9788936475093   ③ 9791195592357
④ 9788958205173   ⑤ 9788934978886

■ 일반검색 II

각 50점

[문제 4] 과자를 먹듯 5~15분의 짧은 시간에 문화 콘텐츠를 소비한다는 뜻으로 웹툰, 웹 소설과 웹 드라마가 대표적 사례이다. 시간과 장소에 구애받지 않고 출퇴근 시간이나 점심시간 등 짧은 시간에 간편하게 문화생활을 즐기는 라이프 스타일을 <u>무엇</u>이라 하는지 검색하시오(정답, URL).

[문제 5] 청명(淸明)은 음력 3월에 드는 24절기의 다섯 번째 절기로 하늘이 차츰 맑아진다는 뜻을 지닌 말이다. 2022년 청명(淸明)인 날에 기상청 산청 무인관서에서 관측한 <u>일최고기온</u>(단위 : °C, 소수 첫째 자리까지 표시)를 검색하시오(정답).

■ 가로·세로 정보검색

각 30점

※ 아래 각 문제의 설명을 읽고 가로·세로에 알맞은 단어를 답안에 기재하시오(정답).

[문제 6] (세로) '몹시 사납고 엄한 명령'을 비유적으로 이르는 <u>우리말</u>을 검색하시오.

[문제 7] (세로) 궁중 무용의 하나로 죽간자를 든 두 무희와 또 다른 두 무기(舞妓)가 주악과 박 소리에 맞춰 구호와 사(詞)를 부르며 발로 뛰며 춤을 추든지 마주 보거나 등지고 춤을 추며 들어갔다 나갔다 하며 추는 춤을 이른다. 이 무용의 <u>이름</u>을 검색하시오.

[문제 8] (가로) '바다에 파도가 일지 않음'의 뜻으로, 임금의 좋은 정치로 백성이 편안함을 일컫는 <u>사자성어</u>를 검색하시오.

■ **실용검색**　　　　　　　　　　　　　　　　　　　　　　　각 50점

[문제 9]　지하철 노선 경로 찾기 서비스(포털 및 전문 검색사이트)를 이용하여 수도권 한양대역에서 한대앞역을 지하철(전철)로 가는 경로(최소시간)를 찾아 전체화면(경로 검색화면 포함)을 캡처하여 답안 파일에 붙여 넣으시오(이미지 크기 150mm x 100mm).

[문제 10]　세계 수학의 날은 2019년 유네스코가 과학 기술의 획기적 발전과 삶의 질 향상에 수학이 중요한 역할을 한다는 것을 알리기 위해 제정했다. 2022년 세계 수학의 날 주제를 검색하시오(정답).

[문제 11]　SRT(수서고속철도) 홈페이지에서 승차권 예약을 위해 요금을 조회하려고 한다. 2023년 9월 20일 (금) 오전 9시 5분에 수서역에서 출발하여 동대구역에 도착하는 SRT(특실 좌석) 어른 1명의 편도 요금(단위 : 원)을 검색하시오(정답).

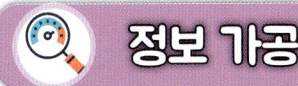 **정보 가공**　　　　　　　　　　　　　　　　　　　　　　　(70점)

※ 제시된 주제에 따라 답안을 완성하시오.

[문제 12]　조선시대 의복 문화와 생활의 바른 복원과 역사적 가치를 알리기 위한 성북선잠박물관은 주제별로 구성된 3개의 전시실과 개방형 수장고로 구성됐으며, 개관을 기념한 특별전으로 '비단실의 예술 매듭장 김은영 展'이 마련됐다. 성북선잠박물관에 대한 정보를 검색하여 다음의 안내문 내용을 완성하시오.

[답안]

사진전 성북선잠박물관	
(12-1) 성북선잠박물관 로고(MI) 이미지	(12-2) 제1전시실, 제2전시실, 제3전시실(기획전시실)의 주제
	(12-3) 김은영 매듭장의 서울시무형문화재 지정번호
	(12-4) 성북선잠박물관 도로명 주소

실전모의고사

과목	코드	문제유형	시험시간	수험번호	성명
인터넷	1152	D	60분		

수험자 유의사항

- 수험자는 문제지를 받는 즉시 **응시하고자 하는 과목의 문제지가 맞는지 확인**하여야 합니다.
- 시험과 직접 관련이 없는 행위 즉, 각종 웹사이트 로그인, 댓글 달기, 게시, 자료 업로드 등의 행위 또는 답안 내역을 보조기억장치 및 기타 통신수단(게시판, 이메일, 메신저, 네트워크 등)을 이용하여 타인에게 전달 또는 외부로 반출하는 경우는 자격기본법 제32에 의거 부정행위로 간주되어 본 시험 및 국가공인 자격시험을 2년간 응시할 수 없습니다.
- 내 PC₩문서₩ITQ 폴더의 "답안파일-인터넷.hwp" 파일을 열어 파일 이름을 "수험번호-성명-인터넷.hwp"로 답안 폴더에 다시 저장한 후 답안 작성을 시작하여야 하며, 답안문서 파일명이 일치하지 않을 경우 실격 처리됩니다(예 : 12345678-홍길동-인터넷.hwp).
  (시험시 제공되는 답안파일 양식을 사용하지 않을 경우에는 0점 처리됨)
- 답안 작성을 마치면 파일을 저장하고, '답안 전송' 버튼을 선택하여 감독위원 PC로 답안을 전송하십시오. 수험자 정보와 저장한 파일명이 다를 경우 전송되지 않으므로 주의하시기 바랍니다.
- 답안 작성 중에도 **주기적으로 저장하고 답안을 전송**하여야 문제 발생을 줄일 수 있습니다. 작업한 내용을 저장하지 않고 전송할 경우 이전에 저장된 내용이 전송되오니 이점 유의하시기 바랍니다.
- 시험 중 부주의 또는 고의로 시스템을 파손한 경우는 수험자가 변상해야 하며, 〈수험자 유의사항〉에 기재된 방법대로 이행하지 않아 생기는 불이익은 수험자 당사자의 책임임을 알려 드립니다.
- 시험을 완료한 수험자는 답안파일이 전송되었는지 확인한 후 감독위원의 지시에 따라 문제지를 제출하고 퇴실합니다.

답안 작성요령

- 온라인 답안 작성 절차
  수험자 등록 ➡ 시험 시작 ➡ 답안파일 저장 ➡ 답안 전송 ➡ 시험 종료
- 시험 시작 전 시험과 무관한 프로그램의 실행을 중지시켜 주시기 바랍니다(채팅, 파일공유 등).
- 문제에 (정답)이라고 표시되어 있으면 정답만을 작성란에 기재하고, (정답, URL)이라고 표시되어 있으면 정답과 함께 URL을 반드시 기재하시기 바랍니다. 이를 준수하지 않을 경우 감점, 오답 처리 등 불이익이 있을 수 있습니다.
- 문제 번호에 따라 정답을 아래와 같이 답안파일에 정확히 기록하십시오.

과목	코드	문제유형	시험시간	수험번호	성명
인터넷	1152		60분		

문제번호		답안
문제6	정답	대한민국

- 4번 문제는 번호에 따라 정답과 URL을 아래와 같이 답안파일에 정확히 기록하십시오(URL은 정답을 확인할 수 있는 최종 URL을 기재하십시오).

4	정답	ITQ정보기술자격
	URL	https://www.kpc.or.kr/certification/index.asp

- 4번 문제의 경우 개인 홈페이지나 블로그, 지식 검색(예 : 지식iN, 위키피디아 등)과 같이 개인사견이 들어 있는 사이트, 첨부파일은 정답으로 인정하지 않습니다.
- 9번의 이미지 파일은 인터넷 답안지에 삽입한 후 반드시 지정된 이미지 크기로 변경하시기 바랍니다.
- 문제에서 제시한 단위, Full name 등의 조건에 맞도록 답안을 작성하시기 바랍니다.

인터넷 윤리 (60점, 각 30점)

※ 문제에 대한 적절한 내용의 번호를 골라 답안지에 기재하시오.

[문제 1]   다음 중 개인정보 오남용 피해를 예방하는 방법으로 옳지 않은 것은?

① 금융거래는 PC방에서 이용하기
② 비밀번호는 주기적으로 변경하기
③ 명의도용확인 서비스 이용하여 가입정보 확인하기
④ 비밀번호는 문자, 특수문자, 숫자를 조합하여 8자리 이상 사용하기

[문제 2]   다음 중 악성 댓글의 유형이 아닌 것은?

• 보기 •
① 상대에 대한 비방 및 협박
② 다수의 광고 글을 올리는 행위
③ 상대방 의견에 반론의 글을 작성하는 행위
④ 같은 내용의 의미 없는 글들을 연속적으로 게시하는 행위

인터넷 검색 (370점)

■ 일반검색 I   각 10점

[문제 3]   2023년 8월 13일(일) K리그1(클래식) 경기 결과(스코어)를 〈보기〉에서 찾아 해당 번호를 답안지에 적으시오(번호).

3-1) 대전 : FC 서울 ··· (   )
3-2) 인천 : 대구 ·· (   )
3-3) 포항 : 광주 ·· (   )

• 보기 •
① 1 : 0   ② 1 : 1   ③ 2 : 0   ④ 3 : 1   ⑤ 4 : 3

■ 일반검색 II   각 50점

[문제 4] 웹 브라우저나 기타 소프트웨어에서 반복적으로 동일한 이름이나 주소를 입력할 경우 신속히 입력하는 기능으로 온라인상에서 이름, 주소, 신용 카드 번호를 입력할 경우와 웹 브라우저에서 인터넷 주소를 입력할 경우에 유용하다. 이 기능을 <u>무엇</u>이라 하는지 검색하시오(정답, URL).

[문제 5] 통계청이 발표한 '2022년 1월 고용동향' 보고서를 보면 1월의 취업자는 2,695만 3천 명으로 전년 동월 대비 113만 5천 명 증가했다. 통계청에서 2022년 1월 광주광역시의 <u>취업자 수</u> (단위 : 천명)를 검색하시오(정답).

■ 가로·세로 정보검색   각 30점

※ 아래 각 문제의 설명을 읽고 가로·세로에 알맞은 단어를 답안에 기재하시오(정답).

[문제 6] (세로) 조선 시대에, 장악원에 속하여 궁중 음악을 맡아보던 정구품의 벼슬을 <u>무엇</u>이라 했는지 검색하시오.

[문제 7] (가로) '송곳을 세울 만한 좁은 땅'을 의미하는 <u>사자성어</u>를 검색하시오.

[문제 8] (세로) '차분하고 꾸준한 모양'을 이르는 <u>우리말</u>을 검색하시오.

■ **실용검색**　　　　　　　　　　　　　　　　　　　　　　　　　　각 50점

[문제 9] 길 찾기 서비스(포털 및 전문 검색사이트)를 이용하여 서울 동작대교 주차장에서 국립서울현충원 충성분수대를 도보로가는 지도 경로를 찾아 전체화면(경로 검색화면 포함)을 캡처하여 답안 파일에 붙여 넣으시오(이미지 크기 150mm x 100mm).

[문제 10] 아산 장영실과학관은 과학아산, 교육아산의 랜드마크로 자리매김하기 위해 2011년 7월 22일 개관하였다. 아산 환경과학공원에 위치한 장영실과학관, 생태곤충원, 전망대 모두를 관람할 수 있는 통합입장료(어른, 보통권)를 검색하시오(정답).

[문제 11] '어린이책의 노벨상'으로 불리는 한스 크리스티안 안데르센상은 2년마다 아동문학 글 작가(Author)와 그림 작가(Illustrator)에게 수여하는 상이다. 2022년 한스 크리스티안 안데르센상 글 작가(Author) 부문의 수상자(성명)를 검색하시오(정답).

정보 가공　　　　　　　　　　　　　　　　　　　　　　　(70점)

※ 제시된 주제에 따라 답안을 완성하시오.

[문제 12] 서울에는 세계 12개 도시 식물과 식물문화를 함께 보고 즐길 수 있는 서울식물원과 자원재생 산업 운영, 육성, 홍보 기관인 서울새활용플라자, 서울하수도과학관, 서울도시금속회수센터(SR 센터) 등이 있다. 서울의 생태와 자원 재생 유관기관에 대한 정보를 검색하여 다음의 안내문 내용을 완성하시오.

[답안]

	서울의 생태와 자원 재생
(12-1) 서울새활용플라자의 심볼마크(또는 로고) 이미지	(12-2) 서울식물원 온실 및 주제정원 이용요금(성인, 개인 기준) (12-3) 서울하수도과학관 개관일(연월일) (12-4) 서울도시금속회수센터(SR센터) 주소(도로명 주소)

제15회 실전모의고사

과목	코드	문제유형	시험시간	수험번호	성명
인터넷	1152	E	60분		

수험자 유의사항

- 수험자는 문제지를 받는 즉시 **응시하고자 하는 과목의 문제지가 맞는지 확인**하여야 합니다.
- 시험과 직접 관련이 없는 행위 즉, 각종 웹사이트 로그인, 댓글 달기, 게시, 자료 업로드 등의 행위 또는 답안 내역을 보조기억장치 및 기타 통신수단(게시판, 이메일, 메신저, 네트워크 등)을 이용하여 타인에게 전달 또는 외부로 반출하는 경우는 자격기본법 제32에 의거 부정행위로 간주되어 본 시험 및 국가공인 자격시험을 2년간 응시할 수 없습니다.
- 내 PC\문서\ITQ 폴더의 "답안파일-인터넷.hwp" 파일을 열어 파일 이름을 "수험번호-성명-인터넷.hwp"로 답안 폴더에 다시 저장한 후 답안 작성을 시작하여야 하며, 답안문서 파일명이 일치하지 않을 경우 실격 처리됩니다(예 : 12345678-홍길동-인터넷.hwp).
  (시험시 제공되는 답안파일 양식을 사용하지 않을 경우에는 0점 처리됨)
- 답안 작성을 마치면 파일을 저장하고, '답안 전송' 버튼을 선택하여 감독위원 PC로 답안을 전송하십시오. 수험자 정보와 저장한 파일명이 다를 경우 전송되지 않으므로 주의하시기 바랍니다.
- 답안 작성 중에도 **주기적으로 저장하고 답안을 전송**하여야 문제 발생을 줄일 수 있습니다. 작업한 내용을 저장하지 않고 전송할 경우 이전에 저장된 내용이 전송되오니 이점 유의하시기 바랍니다.
- 시험 중 부주의 또는 고의로 시스템을 파손한 경우는 수험자가 변상해야 하며, 〈수험자 유의사항〉에 기재된 방법대로 이행하지 않아 생기는 불이익은 수험자 당사자의 책임임을 알려 드립니다.
- 시험을 완료한 수험자는 답안파일이 전송되었는지 확인한 후 감독위원의 지시에 따라 문제지를 제출하고 퇴실합니다.

답안 작성요령

- 온라인 답안 작성 절차
  수험자 등록 ➡ 시험 시작 ➡ 답안파일 저장 ➡ 답안 전송 ➡ 시험 종료
- 시험 시작 전 시험과 무관한 프로그램의 실행을 중지시켜 주시기 바랍니다(채팅, 파일공유 등).
- 문제에 (정답)이라고 표시되어 있으면 정답만을 작성란에 기재하고, (정답, URL)이라고 표시되어 있으면 정답과 함께 URL을 반드시 기재하시기 바랍니다. 이를 준수하지 않을 경우 감점, 오답 처리 등 불이익이 있을 수 있습니다.
- 문제 번호에 따라 정답을 아래와 같이 답안파일에 정확히 기록하십시오.

과목	코드	문제유형	시험시간	수험번호	성명
인터넷	1152		60분		

문제번호		답안
문제6	정답	대한민국

- 4번 문제는 번호에 따라 정답과 URL을 아래와 같이 답안파일에 정확히 기록하십시오(URL은 정답을 확인할 수 있는 최종 URL을 기재하십시오).

4	정답	ITQ정보기술자격
	URL	https://www.kpc.or.kr/certification/index.asp

- 4번 문제의 경우 개인 홈페이지나 블로그, 지식 검색(예 : 지식iN, 위키피디아 등)과 같이 개인사견이 들어 있는 사이트, 첨부파일은 정답으로 인정하지 않습니다.
- 9번의 이미지 파일은 인터넷 답안지에 삽입한 후 반드시 지정된 이미지 크기로 변경하시기 바랍니다.
- 문제에서 제시한 단위, Full name 등의 조건에 맞도록 답안을 작성하시기 바랍니다.

 **인터넷 윤리**　　　　　　　　　　　　　　　　　　　　　　　(60점, 각 30점)

※ 문제에 대한 적절한 내용의 번호를 골라 답안지에 기재하시오.

[문제 1]　신문과 방송 등의 전통적인 저널리즘과 구별되는 인터넷 저널리즘의 특징으로 옳지 않은 것은?

① 마감시간의 제약 없이 새로운 뉴스를 공급
② 취침시간에는 제약하는 청소년의 셧다운(Shut-down) 제도
③ 하이퍼링크 기능과 관련기사 서비스를 통해 공간의 제한 없는 심층 보도
④ 인터넷미디어가 제공하는 뉴스와 게시판 등에 댓글을 달아 쌍방향 의사소통

[문제 2]　다음 중 개인정보 오·남용 피해 예방 수칙으로 옳지 않은 것은?

・보기・
① 비밀번호는 주기적으로 변경한다.
② 인터넷에 올리는 게시글에는 개인정보가 포함되지 않도록 한다.
③ 회원가입 시 비밀번호는 영문, 숫자, 특수부호를 조합한 8자리 이상으로 설정한다.
④ 아이디는 개인의 특성(성별, 출생연도, 생일, 영문이름)을 나타낼 수 있는 것을 사용한다.

인터넷 검색　　　　　　　　　　　　　　　　　　　　　　　　　(370점)

■ 일반검색 Ⅰ　　　　　　　　　　　　　　　　　　　　　　　　　각 10점

[문제 3]　다음 책 제목의 ISBN을 〈보기〉에서 찾아 해당 번호를 답안지에 적으시오(번호).

　　3-1) 왼손잡이 우주 ……………………………………………………………… (　　　)
　　3-2) 구글 엔지니어는 이렇게 일한다. …………………………………………… (　　　)
　　3-3) 물고기는 존재하지 않는다. ………………………………………………… (　　　)

・보기・
① 9791162245620　　② 9791191043754　　③ 9788962624304
④ 9791189327156　　⑤ 9791167960221

■ 일반검색 Ⅱ

각 50점

[문제 4] 프로그램이 자동적으로 이용자의 검색 경로, 검색어 등의 빅데이터를 분석해 이용자가 필요로 하는 광고를 띄워주는 광고기법으로 개인정보를 활용하지 않아 프라이버시 침해우려가 없으며 쿠키를 활용하기 때문에 개인 맞춤형 광고를 제공할 수도 있다. 이 광고기법을 무엇이라 하는지 검색하시오(정답, URL).

[문제 5] 단오(端午)는 시기적으로 더운 여름을 맞기 전의 초하(初夏)의 계절로 조상의 묘에 성묘를 가고, 창포 삶은 물에 머리를 감으며, 화채를 만들어 먹고 장명루 팔찌를 만들기도 했다. 2022년 단오(端午)인 날에 기상청 영광 무인관서에서 관측한 일평균기온(단위 : °C, 소수 첫째 자리까지 표시)를 검색하시오(정답).

■ 가로·세로 정보검색

각 30점

※ 아래 각 문제의 설명을 읽고 가로·세로에 알맞은 단어를 답안에 기재하시오(정답).

[문제 6] (세로) 조선 시대에, 임금이 거동할 때에 겸내취를 영솔하던 선전관을 무엇이라 했는지 검색하시오.

[문제 7] (세로) '남이 싫어하는지는 아랑곳하지 아니하고 제가 좋아하는 것만 자꾸 짓궂게 요구하는 모양'을 이르는 우리말을 검색하시오.

[문제 8] (가로) '사람을 업신여겨 푸대접하는 음식'을 의미하는 사자성어를 검색하시오.

■ **실용검색** `각 50점`

[문제 9] 길 찾기 서비스(포털 및 전문 검색사이트)를 이용하여 <u>서울 돈화문 국악당</u>에서 <u>운현궁 수직사</u>를 도보로 가는 지도 경로를 찾아 전체화면(경로 검색화면 포함)을 캡처하여 답안 파일에 붙여 넣으시오(이미지 크기 150mm x 100mm).

[문제 10] 국제철도협력기구(OSJD; Organization for Cooperation of Railway)는 유라시아 대륙의 철도운영국 협의체로서 정회원이 되려면 정회원의 만장일치가 있어야 한다. 대한민국이 정회원으로 승인된 OSJD 장관급 회의가 열린 국가의 국제전화 <u>국가번호</u>를 검색하시오(정답).

[문제 11] 국립농산물품질관리원 친환경 인증관리정보시스템에서는 무농약, 유기농산물, 유기축산물, 무항생제축산물, 친환경인증을 받은 농축산물에 대한 인증정보를 알아볼 수 있다. 인증번호 "03100005"의 <u>인증품목</u>(품목명)을 검색하시오(정답).

 **정보 가공** (70점)

※ 제시된 주제에 따라 답안을 완성하시오.

[문제 12] 데플림픽(Deaflympics)은 4년마다 개최되는 청각 장애인을 위한 국제경기대회로서 스포츠를 통한 심신을 단련하고 세계 농아인 간의 친목 도모와 유대 강화를 목적으로 하고 있다. 제24회 하계 데플림픽에 대한 정보를 검색하여 다음의 안내문 내용을 완성하시오.

[답안]

제24회 하계 데플림픽(Deaflympics)	
(12-1) 제24회 하계 데플림픽 마스코트(mascot) <u>이미지</u>	(12-2) 제24회 하계 데플림픽 <u>개최도시</u>(도시명) (12-3) 제24회 하계 데플림픽 <u>개막일</u>(현지시간 기준 : 연월일) (12-4) 제24회 하계 데플림픽 태권도 남자 80kg급에서 금메달을 획득한 한국 <u>선수</u>(성명)

PART 03

최신기출유형

제 01 회 최신기출유형	제 06 회 최신기출유형
제 02 회 최신기출유형	제 07 회 최신기출유형
제 03 회 최신기출유형	제 08 회 최신기출유형
제 04 회 최신기출유형	제 09 회 최신기출유형
제 05 회 최신기출유형	제 10 회 최신기출유형

최신기출유형

과목	코드	문제유형	시험시간	수험번호	성명
인터넷	1152	A	60분		

수험자 유의사항

◆ 수험자는 문제지를 받는 즉시 **응시하고자 하는 과목의 문제지가 맞는지 확인**하여야 합니다.
◆ 시험과 직접 관련이 없는 행위 즉, 각종 웹사이트 로그인, 댓글 달기, 게시, 자료 업로드 등의 행위 또는 답안 내역을 보조기억장치 및 기타 통신수단(게시판, 이메일, 메신저, 네트워크 등)을 이용하여 타인에게 전달 또는 외부로 반출하는 경우는 자격기본법 제32에 의거 부정행위로 간주되어 본 시험 및 국가공인 자격시험을 2년간 응시할 수 없습니다.
◆ 내 PC₩문서₩ITQ 폴더의 "답안파일-인터넷.hwp" 파일을 열어 파일 이름을 "수험번호-성명-인터넷.hwp"로 답안폴더에 다시 저장한 후 답안 작성을 시작하여야 하며, 답안문서 파일명이 일치하지 않을 경우 실격 처리됩니다(예 : 12345678-홍길동-인터넷.hwp).
(시험시 제공되는 답안파일 양식을 사용하지 않을 경우에는 0점 처리됨)
◆ 답안 작성을 마치면 파일을 저장하고, '답안 전송' 버튼을 선택하여 감독위원 PC로 답안을 전송하십시오. 수험자 정보와 저장한 파일명이 다를 경우 전송되지 않으므로 주의하시기 바랍니다.
◆ 답안 작성 중에도 **주기적으로 저장하고 답안을 전송**하여야 문제 발생을 줄일 수 있습니다. 작업한 내용을 저장하지 않고 전송할 경우 이전에 저장된 내용이 전송되오니 이점 유의하시기 바랍니다.
◆ 시험 중 부주의 또는 고의로 시스템을 파손한 경우는 수험자가 변상해야 하며, 〈수험자 유의사항〉에 기재된 방법대로 이행하지 않아 생기는 불이익은 수험자 당사자의 책임임을 알려 드립니다.
◆ 시험을 완료한 수험자는 답안파일이 전송되었는지 확인한 후 감독위원의 지시에 따라 문제지를 제출하고 퇴실합니다.

답안 작성요령

◆ 온라인 답안 작성 절차
수험자 등록 ➡ 시험 시작 ➡ 답안파일 저장 ➡ 답안 전송 ➡ 시험 종료
◆ 시험 시작 전 시험과 무관한 프로그램의 실행을 중지시켜 주시기 바랍니다(채팅, 파일공유 등).
◆ 문제에 (정답)이라고 표시되어 있으면 정답만을 작성란에 기재하고, (정답, URL)이라고 표시되어 있으면 정답과 함께 URL을 반드시 기재하시기 바랍니다. 이를 준수하지 않을 경우 감점, 오답 처리 등 불이익이 있을 수 있습니다.
◆ 문제 번호에 따라 정답을 아래와 같이 답안파일에 정확히 기록하십시오.

과목	코드	문제유형	시험시간	수험번호	성명
인터넷	1152		60분		

문제번호	답안
문제6 정답	대한민국

◆ 4번 문제는 번호에 따라 정답과 URL을 아래와 같이 답안파일에 정확히 기록하십시오(URL은 정답을 확인할 수 있는 최종 URL을 기재하십시오).

4	정답	ITQ정보기술자격
	URL	https://www.kpc.or.kr/certification/index.asp

◆ 4번 문제의 경우 개인 홈페이지나 블로그, 지식 검색(예 : 지식iN, 위키피디아 등)과 같이 개인사견이 들어 있는 사이트, 첨부파일은 정답으로 인정하지 않습니다.
◆ 9번의 이미지 파일은 인터넷 답안지에 삽입한 후 반드시 지정된 이미지 크기로 변경하시기 바랍니다.
◆ 문제에서 제시한 단위, Full name 등의 조건에 맞도록 답안을 작성하시기 바랍니다.

The Insight KPC
kpc 한국생산성본부

인터넷 윤리 (60점, 각 30점)

※ 문제에 대한 적절한 내용의 번호를 골라 답안지에 기재하시오.

[문제 1] 다음 중 게임중독 증상에 해당하지 않는 것은?

① 게임을 하지 않으면 초조하거나 불안해진다.
② 규칙적인 생활패턴으로 운동시간이 늘어난다.
③ 가족이나 그 외의 사람에게 게임시간을 속인 적이 있다.
④ 부정적인 감정을 해소하거나 회피하기 위해 게임을 한다.

[문제 2] 공공기관의 개인정보보호수칙으로 옳지 않은 것은?

• 보기 •
① 개인정보가 유출되었을 시 즉시 정보주체에게 알려준다.
② 홈페이지 회원가입을 받을 경우 주민번호 대체수단을 도입한다.
③ 필수정보만 최소한으로 수집하고, 추가적인 정보 수집 시 동의는 받지 않아도 가능하다.
④ 수집한 목적과 다르게 사용하거나 제 3자에게 제공을 금지한다.

인터넷 검색 (370점)

■ 일반검색 I 각 10점

[문제 3] 다음 2023 KBO 포스트시즌의 경기 결과(스코어)를 〈보기〉에서 찾아 해당 번호를 답안지에 적으시오 (번호).

3-1) 10월25일 SSG : NC ································ ( )
3-2) 11월 3일 KT : NC ································· ( )
3-3) 11월11일 LG : KT ································· ( )

• 보기 •
① 11:2   ② 4:3   ③ 15:4   ④ 8:7   ⑤ 6:7

■ 일반검색 II 　　　　　　　　　　　　　　　　　　　　　　　　　　각 50점

[문제 4]　1969년 노벨경제학상 수상자인 토머스 셸링의 논문에서 처음 소개된 개념으로, 어떤 상품이나 아이디어가 마치 전염되는 것처럼 폭발적으로 번지는 순간을 가리키는 말이다. 이것을 일컫는 **용어**를 검색하시오(정답, URL).

[문제 5]　올해 겨울의 시작을 알리는 절기인 입동(立冬)에 내륙을 중심으로 아침 기온이 영하권까지 내려갔다. 기상청 파주 무인관서에서 관측한 2023년 입동인 날의 **일최저기온**(단위 : ℃, 소수첫째자리까지 표시)을 검색하시오(정답).

■ 가로 · 세로 정보검색 　　　　　　　　　　　　　　　　　　　　각 30점

※ 아래 각 문제의 설명을 읽고 가로 · 세로에 알맞은 단어를 답안에 기재하시오(정답).

[문제 6]　(가로) '사귄 지는 오래지 않으나 서로 심중을 털어놓고 이야기함'을 의미하는 **사자성어**를 검색하시오.

[문제 7]　(세로) 양인과 천인 사이에 태어난 자식은 천인의 신분을 따라 천인이 되던 법을 말한다. 이것의 명칭은 **무엇**인지 검색하시오.

[문제 8]　(세로) 몹시 샘바르고 시기하는 마음이 있는 듯한 행동을 자꾸 하는 사람을 낮잡아 이르는 **우리말**을 검색하시오.

■ 실용검색

각 50점

[문제 9] 길 찾기 서비스(포털 및 전문 검색사이트)를 이용하여 대구 **중앙로역 3번출구**에서 **국채보상운동기념공원**을 도보로 가는 지도 경로를 찾아 전체화면(길찾기 검색화면, 경로 포함)을 캡처하여 답안 파일에 붙여 넣으시오(이미지 크기 150 mm x 100 mm).

[문제 10] 호암미술관은 호암(湖巖) 이병철 선생이 30여 년에 걸쳐 수집한 한국미술품 1천2백여 점을 바탕으로 1982년에 개관하였다. 2023년 6월 27일부터 2024년 1월 21일까지 호암미술관 프로젝트룸에 전시되었던 작품의 **작가명**을 검색하시오(정답).

[문제 11] 청약Home의 '청약연습-청약가점 계산기'를 이용하여 무주택기간(5년), 부양가족(배우자 있음, 본인의 직계존속 0명, 배우자의 직계존속 0명, 미혼 직계비속 2명), 최초 청약통장 가입일 (2010년 2월 1일), 생년월일(1981년 6월 16일)을 입력하여 청약가점 **점수**를 계산하시오(정답).

 정보 가공　　　　　　　　　　　　　(70점)

※ 제시된 주제에 따라 답안을 완성하시오.

[문제 12] 예술의전당은 오페라 하우스, 음악당, 미술관, 서예관, 예술자료관, 야외극장을 갖추고 있는 한국 최고의 복합문화예술공간이다. 다양한 장르의 문화예술행사가 동시에 열릴 수 있는 세계적인 시설을 갖추고 있으며, 올해 전관 개관 30주년을 맞이했다. 예술의전당에 대한 정보를 검색하여 다음의 안내문 내용을 완성하시오.

[답안]

예술의전당	
(12-1) 예술의 전당 CI (워드마크형) **이미지**	(12-2) 예술의전당 공연 '호두까기인형' S석의 **관람료**(단위 : 원)
	(12-3) 예술의전당 전시 '에르베 튈레展 색색깔깔 뮤지엄'의 **전시기간** (년월일~년월일)
	(12-4) 예술의전당 공연관객의 주말 5시간 **주차요금**(단위:원, 할인·감면 없음)

최신기출유형

과목	코드	문제유형	시험시간	수험번호	성명
인터넷	1152	B	60분		

수험자 유의사항

- 수험자는 문제지를 받는 즉시 **응시하고자 하는 과목의 문제지가 맞는지 확인**하여야 합니다.
- 시험과 직접 관련이 없는 행위 즉, 각종 웹사이트 로그인, 댓글 달기, 게시, 자료 업로드 등의 행위 또는 답안 내역을 보조기억장치 및 기타 통신수단(게시판, 이메일, 메신저, 네트워크 등)을 이용하여 타인에게 전달 또는 외부로 반출하는 경우는 자격기본법 제32에 의거 부정행위로 간주되어 본 시험 및 국가공인 자격시험을 2년간 응시할 수 없습니다.
- 내 PC₩문서₩ITQ 폴더의 "답안파일-인터넷.hwp" 파일을 열어 파일 이름을 "수험번호-성명-인터넷.hwp"로 답안 폴더에 다시 저장한 후 답안 작성을 시작하여야 하며, 답안문서 파일명이 일치하지 않을 경우 실격 처리됩니다(예 : 12345678-홍길동-인터넷.hwp).
  (시험시 제공되는 답안파일 양식을 사용하지 않을 경우에는 0점 처리됨)
- 답안 작성을 마치면 파일을 저장하고, '답안 전송' 버튼을 선택하여 감독위원 PC로 답안을 전송하십시오. 수험자 정보와 저장한 파일명이 다를 경우 전송되지 않으므로 주의하시기 바랍니다.
- 답안 작성 중에도 **주기적으로 저장하고 답안을 전송**하여야 문제 발생을 줄일 수 있습니다. 작업한 내용을 저장하지 않고 전송할 경우 이전에 저장된 내용이 전송되오니 이점 유의하시기 바랍니다.
- 시험 중 부주의 또는 고의로 시스템을 파손한 경우는 수험자가 변상해야 하며, 〈수험자 유의사항〉에 기재된 방법대로 이행하지 않아 생기는 불이익은 수험자 당사자의 책임임을 알려 드립니다.
- 시험을 완료한 수험자는 답안파일이 전송되었는지 확인한 후 감독위원의 지시에 따라 문제지를 제출하고 퇴실합니다.

답안 작성요령

- 온라인 답안 작성 절차
  수험자 등록 ➡ 시험 시작 ➡ 답안파일 저장 ➡ 답안 전송 ➡ 시험 종료
- 시험 시작 전 시험과 무관한 프로그램의 실행을 중지시켜 주시기 바랍니다(채팅, 파일공유 등).
- 문제에 (정답)이라고 표시되어 있으면 정답만을 작성란에 기재하고, (정답, URL)이라고 표시되어 있으면 정답과 함께 URL을 반드시 기재하시기 바랍니다. 이를 준수하지 않을 경우 감점, 오답 처리 등 불이익이 있을 수 있습니다.
- 문제 번호에 따라 정답을 아래와 같이 답안파일에 정확히 기록하십시오.

과목	코드	문제유형	시험시간	수험번호	성명
인터넷	1152		60분		

문제번호		답안
문제6	정답	대한민국

- 4번 문제는 번호에 따라 정답과 URL을 아래와 같이 답안파일에 정확히 기록하십시오(URL은 정답을 확인할 수 있는 최종 URL을 기재하십시오).

4	정답	ITQ정보기술자격
	URL	https://www.kpc.or.kr/certification/index.asp

- 4번 문제의 경우 개인 홈페이지나 블로그, 지식 검색(예 : 지식iN, 위키피디아 등)과 같이 개인사견이 들어 있는 사이트, 첨부파일은 정답으로 인정하지 않습니다.
- 9번의 이미지 파일은 인터넷 답안지에 삽입한 후 반드시 지정된 이미지 크기로 변경하시기 바랍니다.
- 문제에서 제시한 단위, Full name 등의 조건에 맞도록 답안을 작성하시기 바랍니다.

인터넷 윤리 (60점, 각 30점)

※ 문제에 대한 적절한 내용의 번호를 골라 답안지에 기재하시오.

[문제 1]   다음 중 금융거래를 위한 개인금융 정보에 해당하지 않는 것은?

① 간편결제번호
② 계좌번호
③ 은행코드
④ 인증서 암호

[문제 2]   다음 중 이메일 스팸 방지 수칙으로 옳지 않은 것은?

• 보기 •
① 웹사이트, 게시판 등에 이메일 주소를 남기지 않기
② 불필요한 광고메일 수신에 동의하지 않기
③ 이메일 서비스에서 제공하거나 프로그램 자체에 내장된 스팸 차단 기능을 적극 활용하기
④ 스팸으로 의심되는 경우 열어보고 확인하기

인터넷 검색 (370점)

■ 일반검색 Ⅰ 　　　　　　　　　　　　　　　　　　　　　　　　　　　　　각 10점

[문제 3]   다음 책 제목의 ISBN을 〈보기〉에서 찾아 해당 번호를 답안지에 적으시오(번호).

3-1) 도시와 그 불확실한 벽 …………………………………………………… (　　)
3-2) 물고기는 존재하지 않는다 …………………………………………………… (　　)
3-3) 아직 오지 않은 날들을 위하여 …………………………………………………… (　　)

• 보기 •
① 9791189327156 　　② 9791168340039 　　③ 9791189722531
④ 9788956608075 　　⑤ 9788954699075

■ 일반검색 II   각 50점

[문제 4] 인간의 사고 과정과 유사한 방식으로 정보를 처리할 수 있도록 인간의 뇌 신경 구조를 모방하여 만든 반도체 칩을 가리킨다. 자율주행차, 드론, 음성인식 등 4차 산업혁명 분야에서 폭넓게 활용될 수 있는 차세대 기술로 주목받고 있다. 이것을 일컫는 <u>용어</u>를 검색하시오(정답, URL).

[문제 5] 소득과 여가시간, 자기개발 욕구가 증가하면서 우리나라 국민의 해외여행이 증가하고 있다. 통계청 e-나라지표에서 2022년 <u>해외여행자수</u>(내국인 해외 출국수, 단위 : 만명, 소수 첫째 자리까지 표시)를 검색하시오(정답).

■ 가로·세로 정보검색   각 30점

※ 아래 각 문제의 설명을 읽고 가로·세로에 알맞은 단어를 답안에 기재하시오(정답).

[문제 6] (세로) '너부죽하고 뭉툭하게 생긴 코'를 비유적으로 의미하는 <u>우리말</u>을 검색하시오.

[문제 7] (가로) '근본을 빼내고 원천을 막아 버린다'라는 뜻으로, 사물의 폐단을 없애기 위해서 그 뿌리째 뽑아 버림을 이르는 <u>사자성어</u>를 검색하시오.

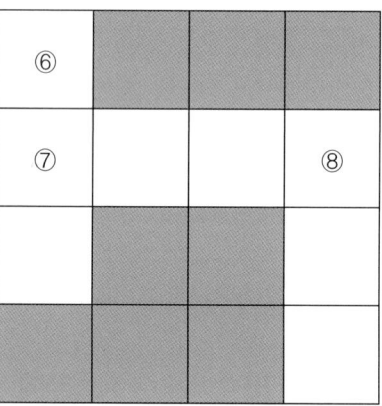

[문제 8] (세로) 조선 시대에, 이전에 실시된 과거에서 합격한 사람의 이름을 적어 놓은 책자의 원본을 말한다. 이것이 <u>무엇</u>인지 검색하시오.

■ 실용검색　　　　　　　　　　　　　　　　　　　　　　　　　　　　　　　각 50점

[문제 9] 길 찾기 서비스(포털 및 전문 검색사이트)를 이용하여 인천 <u>센트럴파크역</u> 3번출구에서 <u>국립세계문자박물관</u>을 도보로 가는 지도 경로를 찾아 전체화면(<u>길 찾기 검색화면, 경로 포함</u>)을 캡처하여 답안 파일에 붙여 넣으시오(이미지 크기 150 mm x 100 mm).

[문제 10] 덕수궁 야간 관람 프로그램인 '밤의 석조전'은 전문 해설사와 함께하는 석조전 야간 탐방과 클래식 연주, 고종이 사랑했던 가배차(커피)와 디저트를 즐기고, 뮤지컬 공연 관람으로 구성 되어있다. 2023년 밤의 석조전 행사의 <u>입장료</u>(단위 : 원, 할인없음)를 검색하시오(정답).

[문제 11] 한국도로공사 홈페이지에서 통행요금조회를 찾아 북수원(출발요금소)-서안동(도착요금소) 간 205.49km를 고속도로를 이용할 경우 1종(소형차)으로 구분되는 일반승용차의 <u>통행 요금</u>(정상요금, 단위 : 원)을 검색하시오(정답).

 정보 가공　　　　　　　　　　　　　　　　　　　　　　　**(70점)**

※ 제시된 주제에 따라 답안을 완성하시오.

[문제 12] 부산국제영화제는 우리나라 최초의 국제영화제에서 이제는 명실상부 우리나라 최대의 국제영화제로 성장하여 현재는 아시아뿐 아니라 세계 속에서 많은 영화인들과 관객이 사랑하는 영화 축제가 되었다. 부산국제영화제에 대한 정보를 검색하여 다음의 안내문 내용을 완성하시오.

[답안]

부산국제영화제	
(12-1) 제28회 부산국제영화제 포스터 **이미지**	(12-2) 제28회 부산국제영화제 올해의 아시아영화인상 **수상자**(성명) (12-3) 제28회 부산국제영화제의 **폐막작**(작품명) (12-4) 제28회 부산국제영화제 '액터스 하우스: 윤여정' **예매코드**

제03회 최신기출유형

과목	코드	문제유형	시험시간	수험번호	성명
인터넷	1152	C	60분		

수험자 유의사항

- 수험자는 문제지를 받는 즉시 **응시하고자 하는 과목의 문제지가 맞는지 확인**하여야 합니다.
- 시험과 직접 관련이 없는 행위 즉, 각종 웹사이트 로그인, 댓글 달기, 게시, 자료 업로드 등의 행위 또는 답안 내역을 보조기억장치 및 기타 통신수단(게시판, 이메일, 메신저, 네트워크 등)을 이용하여 타인에게 전달 또는 외부로 반출하는 경우는 자격기본법 제32에 의거 부정행위로 간주되어 본 시험 및 국가공인 자격시험을 2년간 응시할 수 없습니다.
- 내 PC\문서\ITQ 폴더의 "답안파일-인터넷.hwp" 파일을 열어 파일 이름을 "수험번호-성명-인터넷.hwp"로 답안 폴더에 다시 저장한 후 답안 작성을 시작하여야 하며, 답안문서 파일명이 일치하지 않을 경우 실격 처리됩니다(예 : 12345678-홍길동-인터넷.hwp).
  (시험시 제공되는 답안파일 양식을 사용하지 않을 경우에는 0점 처리됨)
- 답안 작성을 마치면 파일을 저장하고, '답안 전송' 버튼을 선택하여 감독위원 PC로 답안을 전송하십시오. 수험자 정보와 저장한 파일명이 다를 경우 전송되지 않으므로 주의하시기 바랍니다.
- 답안 작성 중에도 **주기적으로 저장하고 답안을 전송**하여야 문제 발생을 줄일 수 있습니다. 작업한 내용을 저장하지 않고 전송할 경우 이전에 저장된 내용이 전송되오니 이점 유의하시기 바랍니다.
- 시험 중 부주의 또는 고의로 시스템을 파손한 경우는 수험자가 변상해야 하며, 〈수험자 유의사항〉에 기재된 방법대로 이행하지 않아 생기는 불이익은 수험자 당사자의 책임임을 알려 드립니다.
- 시험을 완료한 수험자는 답안파일이 전송되었는지 확인한 후 감독위원의 지시에 따라 문제지를 제출하고 퇴실합니다.

답안 작성요령

- 온라인 답안 작성 절차
  수험자 등록 ➡ 시험 시작 ➡ 답안파일 저장 ➡ 답안 전송 ➡ 시험 종료
- 시험 시작 전 시험과 무관한 프로그램의 실행을 중지시켜 주시기 바랍니다(채팅, 파일공유 등).
- 문제에 (정답)이라고 표시되어 있으면 정답만을 작성란에 기재하고, (정답, URL)이라고 표시되어 있으면 정답과 함께 URL을 반드시 기재하시기 바랍니다. 이를 준수하지 않을 경우 감점, 오답 처리 등 불이익이 있을 수 있습니다.
- 문제 번호에 따라 정답을 아래와 같이 답안파일에 정확히 기록하십시오.

과목	코드	문제유형	시험시간	수험번호	성명
인터넷	1152		60분		

문제번호		답안
문제6	정답	대한민국

- 4번 문제는 번호에 따라 정답과 URL을 아래와 같이 답안파일에 정확히 기록하십시오(URL은 정답을 확인할 수 있는 최종 URL을 기재하십시오).

4	정답	ITQ정보기술자격
	URL	https://www.kpc.or.kr/certification/index.asp

- 4번 문제의 경우 개인 홈페이지나 블로그, 지식 검색(예 : 지식iN, 위키피디아 등)과 같이 개인사견이 들어 있는 사이트, 첨부파일은 정답으로 인정하지 않습니다.
- 9번의 이미지 파일은 인터넷 답안지에 삽입한 후 반드시 지정된 이미지 크기로 변경하시기 바랍니다.
- 문제에서 제시한 단위, Full name 등의 조건에 맞도록 답안을 작성하시기 바랍니다.

인터넷 윤리 (60점, 각 30점)

※ 문제에 대한 적절한 내용의 번호를 골라 답안지에 기재하시오.

[문제 1] 다음 중 택배 배송 안내를 사칭한 스미싱 피해를 예방하기 위한 방법이 아닌 것은?

① 배송 확인은 검증된 공식 사이트를 이용한다.
② 스마트폰의 운영체제와 백신은 최신버전으로 업데이트한다.
③ 문자메시지의 링크를 눌러 배송 문자가 맞는지 확인한다.
④ 출처를 알 수 없는 앱 설치 차단 기능을 설정한다.

[문제 2] 다음 중 스마트폰 이용자의 안전수칙으로 옳지 않은 것은?

• 보기 •

① 블루투스 등 무선 인터페이스는 항시 켜놓는다.
② 스마트폰 플랫폼의 구조를 임의로 변경하지 않는다.
③ 비밀번호 설정 기능을 이용하여 정기적으로 비밀번호를 변경한다.
④ 의심스러운 애플리케이션은 다운로드하지 않는다.

인터넷 검색 (370점)

■ 일반검색 I   각 10점

[문제 3] 다음 기념우표의 디자이너를 〈보기〉에서 찾아 해당 번호를 답안지에 적으시오(번호).

3-1) 루이 파스퇴르 탄생 200주년 기념우표 ·· (   )
3-2) 그레고어 멘델 탄생 200주년 기념우표 ·· (   )
3-3) 성 김대건 신부 탄생 200주년 기념우표 ·· (   )

• 보기 •

① 정은영   ② 김미화   ③ 박은경   ④ 신재용   ⑤ 유지형

■ 일반검색 II   각 50점

[문제 4] 디지털 기술을 활용해 디스플레이 스크린이나 프로젝터에 영상과 정보를 표시하고 네트워크로 원격 관리하는 융합 플랫폼을 말한다. 이것을 일컫는 <u>용어</u>를 검색하시오(정답, URL).

[문제 5] 백로(白露)는 흰 이슬이라는 뜻으로 이때쯤이면 밤에 기온이 이슬점 이하로 내려가 풀잎이나 물체에 이슬이 맺히고 가을 기운이 완연해진다. 기상청 보령 무인관서에서 관측한 2023년 백로인 날의 <u>일최저기온</u>(단위 : ℃, 소수첫째자리까지 표시)을 검색하시오(정답).

■ 가로・세로 정보검색   각 30점

※ 아래 각 문제의 설명을 읽고 가로・세로에 알맞은 단어를 답안에 기재하시오(정답).

[문제 6] (세로) '인색하여 제 욕심만을 채우려는 사람'을 의미하는 <u>우리말</u>을 검색하시오.

[문제 7] (가로) '나라를 위한 충성스러운 절개'를 이르는 <u>사자성어</u>를 검색 하시오.

[문제 8] (세로) 병역 의무자가 현역에 복무하지 않고 그 대가로 군포나 세미를 바쳐서 마련한 군 복무자의 군량에 보충하던 쌀을 말한다. 이것이 <u>무엇</u>인지 검색하시오.

■ 실용검색

각 50점

[문제 9] 길 찾기 서비스(포털 및 전문 검색사이트)를 이용하여 천안 **흥타령관**에서 **천안박물관**을 도보로 가는 지도 경로를 찾아 전체화면(길 찾기 검색화면, 경로 포함)을 캡처하여 답안 파일에 붙여 넣으시오(이미지 크기 150 mm × 100 mm).

[문제 10] 백제역사유적지구를 구성하는 8개 유적지 중 하나인 '익산 미륵사지'에서 2023 익산 미륵사지 세계유산 미디어아트 페스타가 개최되었다. 이 행사의 **개최기간**(월일~월일)을 검색하시오(정답).

[문제 11] 아벨상(Abel Prize)은 노르웨이 정부가 수학자 아벨을 기념해 수여하는 국제적 권위의 수학상으로, 2003년부터 매년 뛰어난 업적을 낸 수학자들에게 수여하였다. 2023년 아벨상 **수상자**(성명)를 검색하시오(정답).

 정보 가공 (70점)

※ 제시된 주제에 따라 답안을 완성하시오.

[문제 12] 서울국제건축영화제는 영화를 통해 건축에 대한 이해를 넓히고 국내외 현대건축의 흐름을 소개하는 비경쟁 영화제로 세계 각국의 건축영화를 발굴하여 선보이고 있다. 서울국제건축영화제에 대한 정보를 검색하여 다음의 안내문 내용을 완성하시오.

[답안]

서울국제건축영화제	
(12-1) 제15회 서울국제건축영화제 포스터 **이미지**	(12-2) 제15회 서울국제건축영화제의 **개막작**(작품명)
	(12-3) 제15회 서울국제건축영화제의 **홍보대사**(성명)
	(12-4) 제15회 서울국제건축영화제 마스터&마스터피스 '프란시스 케레: 사이의 건축' **감독**(성명)

제04회 최신기출유형

과목	코드	문제유형	시험시간	수험번호	성명
인터넷	1152	D	60분		

수험자 유의사항

◆ 수험자는 문제지를 받는 즉시 **응시하고자 하는 과목의 문제지가 맞는지** 확인하여야 합니다.
◆ 시험과 직접 관련이 없는 행위 즉, 각종 웹사이트 로그인, 댓글 달기, 게시, 자료 업로드 등의 행위 또는 답안 내역을 보조기억장치 및 기타 통신수단(게시판, 이메일, 메신저, 네트워크 등)을 이용하여 타인에게 전달 또는 외부로 반출하는 경우는 자격기본법 제32에 의거 부정행위로 간주되어 본 시험 및 국가공인 자격시험을 2년간 응시할 수 없습니다.
◆ 내 PC\문서\ITQ 폴더의 "답안파일-인터넷.hwp" 파일을 열어 파일 이름을 "수험번호-성명-인터넷.hwp"로 답안 폴더에 다시 저장한 후 답안 작성을 시작하여야 하며, 답안문서 파일명이 일치하지 않을 경우 실격 처리됩니다(예 : 12345678-홍길동-인터넷.hwp).
  (시험시 제공되는 답안파일 양식을 사용하지 않을 경우에는 0점 처리됨)
◆ 답안 작성을 마치면 파일을 저장하고, '답안 전송' 버튼을 선택하여 감독위원 PC로 답안을 전송하십시오. 수험자 정보와 저장한 파일명이 다를 경우 전송되지 않으므로 주의하시기 바랍니다.
◆ 답안 작성 중에도 **주기적으로 저장하고 답안을 전송**하여야 문제 발생을 줄일 수 있습니다. 작업한 내용을 저장하지 않고 전송할 경우 이전에 저장된 내용이 전송되오니 이점 유의하시기 바랍니다.
◆ 시험 중 부주의 또는 고의로 시스템을 파손한 경우는 수험자가 변상해야 하며, 〈수험자 유의사항〉에 기재된 방법대로 이행하지 않아 생기는 불이익은 수험자 당사자의 책임임을 알려 드립니다.
◆ 시험을 완료한 수험자는 답안파일이 전송되었는지 확인한 후 감독위원의 지시에 따라 문제지를 제출하고 퇴실합니다.

답안 작성요령

◆ 온라인 답안 작성 절차
  수험자 등록 ➡ 시험 시작 ➡ 답안파일 저장 ➡ 답안 전송 ➡ 시험 종료
◆ 시험 시작 전 시험과 무관한 프로그램의 실행을 중지시켜 주시기 바랍니다(채팅, 파일공유 등).
◆ 문제에 (정답)이라고 표시되어 있으면 정답만을 작성란에 기재하고, (정답, URL)이라고 표시되어 있으면 정답과 함께 URL을 반드시 기재하시기 바랍니다. 이를 준수하지 않을 경우 감점, 오답 처리 등 불이익이 있을 수 있습니다.
◆ 문제 번호에 따라 정답을 아래와 같이 답안파일에 정확히 기록하십시오.

과목	코드	문제유형	시험시간	수험번호	성명
인터넷	1152		60분		

문제번호		답안
문제6	정답	대한민국

◆ 4번 문제는 번호에 따라 정답과 URL을 아래와 같이 답안파일에 정확히 기록하십시오(URL은 정답을 확인할 수 있는 최종 URL을 기재하십시오).

4	정답	ITQ정보기술자격
	URL	https://www.kpc.or.kr/certification/index.asp

◆ 4번 문제의 경우 개인 홈페이지나 블로그, 지식 검색(예 : 지식iN, 위키피디아 등)과 같이 개인사견이 들어 있는 사이트, 첨부파일은 정답으로 인정하지 않습니다.
◆ 9번의 이미지 파일은 인터넷 답안지에 삽입한 후 반드시 지정된 이미지 크기로 변경하시기 바랍니다.
◆ 문제에서 제시한 단위, Full name 등의 조건에 맞도록 답안을 작성하시기 바랍니다.

인터넷 윤리 (60점, 각 30점)

※ 문제에 대한 적절한 내용의 번호를 골라 답안지에 기재하시오.

[문제 1] 다음 중 택배배송을 사칭한 스미싱을 예방하기 위한 방법으로 옳지 않은 것은?

① 출처가 확인되지 않은 문자메시지의 인터넷주소를 클릭하지 않는다.
② 의심되는 문자는 해당 번호로 전화를 걸어서 확인한다.
③ 미확인 앱이 함부로 설치되지 않도록 스마트폰의 보안설정을 강화한다.
④ 보안강화 및 업데이트 명목으로 금융정보를 요구하는 경우 절대 입력하지 않는다.

[문제 2] 다음 중 인터넷 중독 예방 수칙으로 옳지 않은 것은?

• 보기 •
① 하루 컴퓨터 사용시간을 정해둔다.
② 유해정보로 의심되면 열어보지 않고 삭제한다.
③ 다른 취미나 문화활동 시간을 늘린다.
④ 컴퓨터는 혼자만의 공간에 두고 몰래 사용한다.

인터넷 검색 (370점)

■ 일반검색 I 각 10점

[문제 3] 다음 국가의 화폐 단위(ISO 4217 통화코드)를 〈보기〉에서 찾아 해당 번호를 답안지에 적으시오 (번호).

3-1) 캄보디아 ·· (   )
3-2) 르완다 ·· (   )
3-3) 아이슬란드 ·· (   )

• 보기 •
① RWF   ② ISK   ③ VND   ④ JPY   ⑤ KHR

■ 일반검색 II 각 50점

[문제 4] 산업 현장에서 필요에 따라 관련 있는 사람과 임시로 계약을 맺고 일을 맡기는 경제 형태를 말한다. 디지털 플랫폼을 기반으로 한 공유경제가 확산되면서 등장한 근로 형태이다. 이것을 일컫는 용어를 검색하시오(정답, URL).

[문제 5] 올해 8월은 여름이 지나고 가을에 접어들었음을 알리는 입추(立秋)가 지나서도 무더위가 여전했다. 2023년 입추에 기상청 홍천 무인관서에서 관측한 일최고기온(단위 : ℃ 소수 첫째자리까지 표시)을 검색하시오(정답).

■ 가로·세로 정보검색 각 30점

※ 아래 각 문제의 설명을 읽고 가로·세로에 알맞은 단어를 답안에 기재하시오(정답).

[문제 6] (가로) '총명한 임금이 다스리는 태평한 세상'을 의미하는 사자성어를 검색하시오.

[문제 7] (세로) 조선시대에, 임금의 지시에 따라 관리의 후보자를 추천하던 일을 말한다. 이것이 무엇인지 검색하시오.

[문제 8] (세로) '생각보다 조금 가벼운 듯하다'를 이르는 우리말을 검색하시오.

■ 실용검색 　　　　　　　　　　　　　　　　　　　　　　　　　　　　　　　　　　　　　각 50점

[문제 9] 길 찾기 서비스(포털 및 전문 검색사이트)를 이용하여 부산 **범일역 2번출구**에서 **조선통신사역사관**을 도보로 가는 지도 경로를 찾아 전체화면(길 찾기 검색화면, 경로 포함)을 캡처하여 답안 파일에 붙여 넣으시오(이미지 크기 150 mm x 100 mm).

[문제 10] 우정사업본부는 제78주년 광복절을 맞아 '대한독립에 헌신한 외국인'을 주제로 기념우표를 발행했다. 8월 14일에 발행된 제78주년 광복절 기념우표 디자인에 그려진 인물의 **이름**(2명)을 검색하시오(정답).

[문제 11] 강원도 원주 산속에 감춰진 뮤지엄 산(Museum SAN)은 노출 콘크리트의 미니멀한 건축물의 대가 안도 타다오의 설계로 공사를 시작하여 빛과 공간의 예술가 제임스터렐의 작품을 마지막으로 더하여 개관하였다. 뮤지엄 산 박물관의 상설전시 중인 전시의 **제목**을 검색하시오(정답).

 정보 가공　　　　　　　　　　　　　　　　　　　　　　　　　　　　　　　　　　　(70점)

※ 제시된 주제에 따라 답안을 완성하시오.

[문제 12] 서울국제여성영화제는 부산국제영화제에 이어 두 번째로 개최된 국제영화제로 현재는 세계 최대 규모의 국제여성영화제로 자리 잡았다. 서울국제여성영화제에 대한 정보를 검색하여 다음의 안내문 내용을 완성하시오.

[답안]

서울국제여성영화제	
(12-1) 25회 서울국제여성영화제 포스터 **이미지**	(12-2) 25회 서울국제여성영화제 **슬로건** (12-3) 25회 서울국제여성영화제 **개막작**(작품명) (12-4) 25회 서울국제여성영화제 **홍보대사**(이름)

최신기출유형 제05회

과목	코드	문제유형	시험시간	수험번호	성명
인터넷	1152	E	60분		

수험자 유의사항

◆ 수험자는 문제지를 받는 즉시 **응시하고자 하는 과목의 문제지가 맞는지 확인**하여야 합니다.
◆ 시험과 직접 관련이 없는 행위 즉, 각종 웹사이트 로그인, 댓글 달기, 게시, 자료 업로드 등의 행위 또는 답안 내역을 보조기억장치 및 기타 통신수단(게시판, 이메일, 메신저, 네트워크 등)을 이용하여 타인에게 전달 또는 외부로 반출하는 경우는 자격기본법 제32에 의거 부정행위로 간주되어 본 시험 및 국가공인 자격시험을 2년간 응시할 수 없습니다.
◆ 내 PC₩문서₩ITQ 폴더의 "답안파일-인터넷.hwp" 파일을 열어 파일 이름을 "수험번호-성명-인터넷.hwp"로 답안 폴더에 다시 저장한 후 답안 작성을 시작하여야 하며, 답안문서 파일명이 일치하지 않을 경우 실격 처리됩니다(예 : 12345678-홍길동-인터넷.hwp).
  (시험시 제공되는 답안파일 양식을 사용하지 않을 경우에는 0점 처리됨)
◆ 답안 작성을 마치면 파일을 저장하고, '답안 전송' 버튼을 선택하여 감독위원 PC로 답안을 전송하십시오. 수험자 정보와 저장한 파일명이 다를 경우 전송되지 않으므로 주의하시기 바랍니다.
◆ 답안 작성 중에도 **주기적으로 저장하고 답안을 전송**하여야 문제 발생을 줄일 수 있습니다. 작업한 내용을 저장하지 않고 전송할 경우 이전에 저장된 내용이 전송되오니 이점 유의하시기 바랍니다.
◆ 시험 중 부주의 또는 고의로 시스템을 파손한 경우는 수험자가 변상해야 하며, 〈수험자 유의사항〉에 기재된 방법대로 이행하지 않아 생기는 불이익은 수험자 당사자의 책임임을 알려 드립니다.
◆ 시험을 완료한 수험자는 답안파일이 전송되었는지 확인한 후 감독위원의 지시에 따라 문제지를 제출하고 퇴실합니다.

답안 작성요령

◆ 온라인 답안 작성 절차
  수험자 등록 ➡ 시험 시작 ➡ 답안파일 저장 ➡ 답안 전송 ➡ 시험 종료
◆ 시험 시작 전 시험과 무관한 프로그램의 실행을 중지시켜 주시기 바랍니다(채팅, 파일공유 등).
◆ 문제에 (정답)이라고 표시되어 있으면 정답만을 작성란에 기재하고, (정답, URL)이라고 표시되어 있으면 정답과 함께 URL을 반드시 기재하시기 바랍니다. 이를 준수하지 않을 경우 감점, 오답 처리 등 불이익이 있을 수 있습니다.
◆ 문제 번호에 따라 정답을 아래와 같이 답안파일에 정확히 기록하십시오.

과목	코드	문제유형	시험시간	수험번호	성명
인터넷	1152		60분		

문제번호		답안
문제6	정답	대한민국

◆ 4번 문제는 번호에 따라 정답과 URL을 아래와 같이 답안파일에 정확히 기록하십시오(URL은 정답을 확인할 수 있는 최종 URL을 기재하십시오).

4	정답	ITQ정보기술자격
	URL	https://www.kpc.or.kr/certification/index.asp

◆ 4번 문제의 경우 개인 홈페이지나 블로그, 지식 검색(예 : 지식iN, 위키피디아 등)과 같이 개인사견이 들어 있는 사이트, 첨부파일은 정답으로 인정하지 않습니다.
◆ 9번의 이미지 파일은 인터넷 답안지에 삽입한 후 반드시 지정된 이미지 크기로 변경하시기 바랍니다.
◆ 문제에서 제시한 단위, Full name 등의 조건에 맞도록 답안을 작성하시기 바랍니다.

인터넷 윤리 (60점, 각 30점)

※ 문제에 대한 적절한 내용의 번호를 골라 답안지에 기재하시오.

[문제 1] 다음 중 메일 및 인터넷 계정 도용방지를 위한 예방법으로 옳지 않은 것은?

① 인터넷 사이트에 무분별한 회원가입은 자제한다.
② 탈퇴 신청을 한 뒤 개인정보를 파기했는지 확인한다.
③ 회원가입 시 구체적인 개인정보를 요구하면 가입 여부를 다시 한번 생각해본다.
④ 자신의 아이디와 비밀번호는 친한 친구에게만 알려준다.

[문제 2] 다음 중 인터넷 게시판 사용 시 지켜야 할 예절로 옳지 않은 것은?

• 보기 •
① 게시판의 글은 짧고 명확하게 쓴다.
② 문법에 맞는 표현과 올바른 맞춤법을 사용한다.
③ 같은 글을 여러 번 반복해서 올린다.
④ 게시물 내용을 잘 설명할 수 있는 알맞은 제목을 붙인다.

인터넷 검색 (370점)

■ 일반검색 Ⅰ 각 10점

[문제 3] 제 73회 베를린영화제 수상작을 〈보기〉에서 찾아 해당 번호를 답안지에 적으시오(번호).

3-1) 은곰상 : 심사위원상 ·· (   )
3-2) 황금곰상 ·· (   )
3-3) 은곰상 : 감독상 ··· (   )

• 보기 •
① 배드 리빙(Bad Living)   ② 더 플라우(The Plough)   ③ 뮤직(Music)
④ 딥 인 블랙(Dipped in Black)   ⑤ 온 디 애더먼트(On the Adamant)

■ 일반검색 II **각 50점**

[문제 4] 인터넷 정보제공자가 맞춤형 정보를 이용자에게 제공해 이용자는 필터링된 정보만을 접하게 되는 현상을 말한다. 정보편식 과정에서 사용자는 가치관의 왜곡을 경험하게 되며, 반대 성향의 글이나 평소 관심이 적었던 분야의 정보를 접할 기회가 원천적으로 박탈되어 폭넓은 시야와 사고를 형성하기 어려워진다. 이것을 일컫는 <u>용어</u>를 검색하시오(정답, URL).

[문제 5] 대서(大暑)는 '큰 더위'라는 뜻으로 태양의 황경이 120도일 때를 말하며, 폭염이 기승을 부리는 시기이다. 2023년 대서에 기상청 의성 무인관서에서 관측한 <u>일최고기온</u>(단위 : ℃, 소수첫째자리까지 표시)을 검색하시오(정답).

■ 가로·세로 정보검색 **각 30점**

※ 아래 각 문제의 설명을 읽고 가로·세로에 알맞은 단어를 답안에 기재하시오(정답).

[문제 6] (세로) '물건을 오래 써서 닳아 해지거나 구멍이 뚫리다'를 이르는 <u>우리말</u>을 검색하시오.

[문제 7] (가로) '넓고 큰 바닷속의 좁쌀 한 알'이라는 뜻으로, 아주 많거나 넓은 것 가운데 있는 매우 하찮고 작은 것을 이르는 <u>사자성어</u>를 검색하시오.

[문제 8] (세로) 조선시대에 재정난 타개와 구호 사업 등을 위하여 곡물을 바치게 하고, 그 대가로 상이나 벼슬을 주던 정책을 말한다. 이것이 <u>무엇</u>인지 검색하시오.

■ 실용검색 각 50점

[문제 9] 길 찾기 서비스(포털 및 전문 검색사이트)를 이용하여 포항 **호미곶우체국**에서 **국립등대박물관**을 도보로 가는 지도 경로를 찾아 전체화면(길 찾기 검색화면, 경로 포함)을 캡처하여 답안 파일에 붙여 넣으시오(이미지 크기 150 mm x 100 mm).

[문제 10] 판문점은 서울에서 북쪽 60km, 개성에서 동쪽 10km, 경기도 파주시 비무장지대 군사분계선 위에 걸쳐져 있는 공동경비구역(JSA, Joint Security Area)으로 만 8세 이상의 대한민국 국민은 판문점 견학을 신청할 수 있다. 주 4일 운영되는 판문점의 매주 **휴무요일**(단위 : 요일)을 검색하시오(정답).

[문제 11] 올해 6월 우정사업본부는 방탄소년단(BTS)의 데뷔 10주년을 맞이하여 방탄소년단이 이룬 지난 10년의 역사를 10종의 기념우표에 담아 발행했다. '방탄소년단, 노래로 전하는 우리의 순간' 기념우표 중 'Butter' 앨범 디자인의 **액면가격**(단위 : 원)을 검색하시오(정답).

 정보 가공 (70점)

※ 제시된 주제에 따라 답안을 완성하시오.

[문제 12] 서울역사박물관은 조선시대부터 현재에 이르기까지의 서울의 역사와 문화를 정리하여 보여주는 세계에서 유일한 박물관이다. 서울의 뿌리와 서울 사람의 생활, 현대 서울로의 변화를 보여주는 상설전시와 함께 서울의 역사 · 문화를 증언하는 다양한 기증유물이 전시되어 있다. 서울역사박물관에 대한 정보를 검색하여 다음의 안내문 내용을 완성하시오.

[답안]

서울역사박물관	
(12-1) 서울역사박물관 로고 (시그니처 국영문 상하조합-기본) **이미지**	(12-2) 서울역사박물관 기획전시실A에서 2023년 5월부터 10월까지 전시된 기획 전시 **전시명** (12-3) '전시물번호 : 328'의 전시물 **명칭** (12-4) 서울역사박물관(본관) **주소**(도로명)

최신기출유형

과목	코드	문제유형	시험시간	수험번호	성명
인터넷	1152	A	60분		

수험자 유의사항

- ◆ 수험자는 문제지를 받는 즉시 **응시하고자 하는 과목의 문제지가 맞는지 확인**하여야 합니다.
- ◆ 시험과 직접 관련이 없는 행위 즉, 각종 웹사이트 로그인, 댓글 달기, 게시, 자료 업로드 등의 행위 또는 답안 내역을 보조기억장치 및 기타 통신수단(게시판, 이메일, 메신저, 네트워크 등)을 이용하여 타인에게 전달 또는 외부로 반출하는 경우는 자격기본법 제32에 의거 부정행위로 간주되어 본 시험 및 국가공인 자격시험을 2년간 응시할 수 없습니다.
- ◆ 내 PC\문서\ITQ 폴더의 "답안파일-인터넷.hwp" 파일을 열어 파일 이름을 "수험번호-성명-인터넷.hwp"로 답안 폴더에 다시 저장한 후 답안 작성을 시작하여야 하며, 답안문서 파일명이 일치하지 않을 경우 실격 처리됩니다(예 : 12345678-홍길동-인터넷.hwp).
  (시험시 제공되는 답안파일 양식을 사용하지 않을 경우에는 0점 처리됨)
- ◆ 답안 작성을 마치면 파일을 저장하고, '답안 전송' 버튼을 선택하여 감독위원 PC로 답안을 전송하십시오. 수험자 정보와 저장한 파일명이 다를 경우 전송되지 않으므로 주의하시기 바랍니다.
- ◆ 답안 작성 중에도 **주기적으로 저장하고 답안을 전송**하여야 문제 발생을 줄일 수 있습니다. 작업한 내용을 저장하지 않고 전송할 경우 이전에 저장된 내용이 전송되오니 이점 유의하시기 바랍니다.
- ◆ 시험 중 부주의 또는 고의로 시스템을 파손한 경우는 수험자가 변상해야 하며, 〈수험자 유의사항〉에 기재된 방법대로 이행하지 않아 생기는 불이익은 수험자 당사자의 책임임을 알려 드립니다.
- ◆ 시험을 완료한 수험자는 답안파일이 전송되었는지 확인한 후 감독위원의 지시에 따라 문제지를 제출하고 퇴실합니다.

답안 작성요령

- ◆ 온라인 답안 작성 절차
  수험자 등록 ➡ 시험 시작 ➡ 답안파일 저장 ➡ 답안 전송 ➡ 시험 종료
- ◆ 시험 시작 전 시험과 무관한 프로그램의 실행을 중지시켜 주시기 바랍니다(채팅, 파일공유 등).
- ◆ 문제에 (정답)이라고 표시되어 있으면 정답만을 작성란에 기재하고, (정답, URL)이라고 표시되어 있으면 정답과 함께 URL을 반드시 기재하시기 바랍니다. 이를 준수하지 않을 경우 감점, 오답 처리 등 불이익이 있을 수 있습니다.
- ◆ 문제 번호에 따라 정답을 아래와 같이 답안파일에 정확히 기록하십시오.

과목	코드	문제유형	시험시간	수험번호	성명
인터넷	1152		60분		

문제번호		답안
문제6	정답	대한민국

- ◆ 4번 문제는 번호에 따라 정답과 URL을 아래와 같이 답안파일에 정확히 기록하십시오(URL은 정답을 확인할 수 있는 최종 URL을 기재하십시오).

4	정답	ITQ정보기술자격
	URL	https://www.kpc.or.kr/certification/index.asp

- ◆ 4번 문제의 경우 개인 홈페이지나 블로그, 지식 검색(예 : 지식iN, 위키피디아 등)과 같이 개인사견이 들어 있는 사이트, 첨부파일은 정답으로 인정하지 않습니다.
- ◆ 9번의 이미지 파일은 인터넷 답안지에 삽입한 후 반드시 지정된 이미지 크기로 변경하시기 바랍니다.
- ◆ 문제에서 제시한 단위, Full name 등의 조건에 맞도록 답안을 작성하시기 바랍니다.

 인터넷 윤리 (60점, 각 30점)

※ 문제에 대한 적절한 내용의 번호를 골라 답안지에 기재하시오.

[문제 1] 다음 중 인터넷에서의 네티켓으로 옳지 않은 것은?

① 건전한 정보를 제공하고 올바르게 사용한다.
② 비속어나 욕설 사용을 자제하고, 바른 언어를 사용한다.
③ 자신의 ID로 행한 행동에 대해서는 책임이 없다.
④ 바이러스 유포나 해킹 등 불법적인 행동을 하지 않는다.

[문제 2] 컴퓨터 바이러스 감염을 예방하기 위한 방법으로 옳지 않은 것은?

• 보기 •
① 발신인을 알 수 없는 메일은 열어보고 삭제한다.
② 인터넷 이용 후에는 주기적으로 임시 파일을 삭제한다.
③ 윈도우 보안패치와 백신 소프트웨어의 설치하여 주기적으로 점검한다.
④ 불특정 다수의 인터넷 사이트로부터 검증되지 않은 파일을 다운로드하지 않는다.

인터넷 검색 (370점)

■ 일반검색 I 각 10점

[문제 3] 2023년 6월 3일(토) K리그1(클래식) 경기 결과(스코어)를 〈보기〉에서 찾아 해당 번호를 답안지에 적으시오(번호).

3-1) 제주 : 강원 ·· (   )
3-2) 전북 : 울산 ·· (   )
3-3) 광주 : 포항 ·· (   )

• 보기 •
① 2:0   ② 1:2   ③ 4:2   ④ 3:1   ⑤ 2:2

■ 일반검색 II

각 50점

[문제 4] 원하는 곳에서 업무와 휴가를 동시에 할 수 있는 새로운 근무제도를 말한다. 이는 코로나19로 재택이나 원격근무가 늘면서 부상하기 시작했는데, 휴가지에서의 업무를 인정함으로써 업무의 능률성을 꾀할 수 있다는 장점이 있다. 이것을 일컫는 <u>용어</u>를 검색하시오(정답, URL).

[문제 5] 통계청은 국가발전의 주요 분야에 대해 합리적으로 분류체계를 작성하고, 분야별로 핵심지표를 엄선하여 구축한 '국가발전지표'를 선정하여 누구나 쉽게 이용할 수 있도록 온라인 서비스를 제공하고 있다. 국가발전지표에서 <u>2022년 전체학생 1인당 월평균 사교육비</u>(단위 : 만 원, 소수 첫째자리까지 표시)을 검색하시오(정답).

■ 가로・세로 정보검색

각 30점

※ 아래 각 문제의 설명을 읽고 가로・세로에 알맞은 단어를 답안에 기재하시오(정답).

[문제 6] (세로) 겉으로 드러나지 아니한 속마음이나 일의 내막을 이르는 <u>우리말</u>을 검색하시오.

[문제 7] (가로) '속은 비고 겉치레만 함'을 뜻하며, 겉은 화려해 보이나 속은 가난함을 이르는 <u>사자성어</u>를 검색하시오.

[문제 8] (세로) 신라 때에, 궁중의 요리사를 통솔하던 관아로 대사(大舍) 6인, 사(史) 6인의 관원이 집무하였다. 이것이 <u>무엇</u>인지 검색하시오.

■ 실용검색

각 50점

[문제 9] 길 찾기 서비스(포털 및 전문 검색사이트)를 이용하여 대구 <u>황금역(대구3호선) 1번출구</u>에서 <u>대구국립박물관</u>을 도보로 가는 지도 경로를 찾아 전체화면 <u>(길 찾기 검색화면, 경로 포함)</u>을 캡처하여 답안 파일에 붙여 넣으시오(이미지 크기 150 mm × 100 mm).

[문제 10] 한국도로공사 홈페이지에서 통행요금조회를 찾아 서산(출발요금소)—속초(도착요금소) 간 336.45km를 고속도로를 이용할 경우 2종(중형차)으로 구분되는 중형승합차의 **통행요금**(정상요금, 단위 : 원)을 검색하시오(정답).

[문제 11] 동아시아 문화도시는 한ㆍ중ㆍ일 3국간 문화다양성 존중이라는 기치 아래, "동아시아의 의식, 문화 교류와 융합, 상대문화 이해"의 정신을 실천하기 위해 매년 한ㆍ중ㆍ일 각 1개 도시를 "동아시아 문화도시"로 선정하여 다채로운 문화교류를 추진하는 것을 목적으로 하고 있다. 2023 동아시아 문화도시 일본의 <u>도시</u>(도시명)을 검색하시오(정답).

정보 가공 (70점)

※ 제시된 주제에 따라 답안을 완성하시오.

[문제 12] 칸영화제는 프랑스의 영화제로 매년 5월 개최되며, 개최지는 프랑스 동남부 알프마리팀 주의 도시 칸(Cannes)이다. 베를린 국제 영화제, 베니스 국제 영화제와 함께 '세계 3대 영화제'로 불린다. 제76회 칸영화제에 대한 정보를 검색하여 다음의 안내문 내용을 완성하시오.

[답안]

제76회 칸영화제	
(12-1) 제76회 칸영화제 포스터 **이미지**	(12-2) 제76회 칸영화제 **개최기간**(월일~월일) (12-3) 제76회 칸영화제 경쟁부문 황금종려상 수상작 **작품명** (12-4) 제76회 칸영화제 심사위원대상 **감독 성명**

최신기출유형 제07회

과목	코드	문제유형	시험시간	수험번호	성명
인터넷	1152	B	60분		

수험자 유의사항

- 수험자는 문제지를 받는 즉시 **응시하고자 하는 과목의 문제지가 맞는지 확인**하여야 합니다.
- 시험과 직접 관련이 없는 행위 즉, 각종 웹사이트 로그인, 댓글 달기, 게시, 자료 업로드 등의 행위 또는 답안 내역을 보조기억장치 및 기타 통신수단(게시판, 이메일, 메신저, 네트워크 등)을 이용하여 타인에게 전달 또는 외부로 반출하는 경우는 자격기본법 제32에 의거 부정행위로 간주되어 본 시험 및 국가공인 자격시험을 2년간 응시할 수 없습니다.
- 내 PC\문서\ITQ 폴더의 "답안파일-인터넷.hwp" 파일을 열어 파일 이름을 "수험번호-성명-인터넷.hwp"로 답안 폴더에 다시 저장한 후 답안 작성을 시작하여야 하며, 답안문서 파일명이 일치하지 않을 경우 실격 처리됩니다(예 : 12345678-홍길동-인터넷.hwp).
  (시험시 제공되는 답안파일 양식을 사용하지 않을 경우에는 0점 처리됨)
- 답안 작성을 마치면 파일을 저장하고, '답안 전송' 버튼을 선택하여 감독위원 PC로 답안을 전송하십시오. 수험자 정보와 저장한 파일명이 다를 경우 전송되지 않으므로 주의하시기 바랍니다.
- 답안 작성 중에도 **주기적으로 저장하고 답안을 전송**하여야 문제 발생을 줄일 수 있습니다. 작업한 내용을 저장하지 않고 전송할 경우 이전에 저장된 내용이 전송되오니 이점 유의하시기 바랍니다.
- 시험 중 부주의 또는 고의로 시스템을 파손한 경우는 수험자가 변상해야 하며, 〈수험자 유의사항〉에 기재된 방법대로 이행하지 않아 생기는 불이익은 수험자 당사자의 책임임을 알려 드립니다.
- 시험을 완료한 수험자는 답안파일이 전송되었는지 확인한 후 감독위원의 지시에 따라 문제지를 제출하고 퇴실합니다.

답안 작성요령

- 온라인 답안 작성 절차
  수험자 등록 ➡ 시험 시작 ➡ 답안파일 저장 ➡ 답안 전송 ➡ 시험 종료
- 시험 시작 전 시험과 무관한 프로그램의 실행을 중지시켜 주시기 바랍니다(채팅, 파일공유 등).
- 문제에 (정답)이라고 표시되어 있으면 정답만을 작성란에 기재하고, (정답, URL)이라고 표시되어 있으면 정답과 함께 URL을 반드시 기재하시기 바랍니다. 이를 준수하지 않을 경우 감점, 오답 처리 등 불이익이 있을 수 있습니다.
- 문제 번호에 따라 정답을 아래와 같이 답안파일에 정확히 기록하십시오.

과목	코드	문제유형	시험시간	수험번호	성명
인터넷	1152		60분		

문제번호		답안
문제6	정답	대한민국

- 4번 문제는 번호에 따라 정답과 URL을 아래와 같이 답안파일에 정확히 기록하십시오(URL은 정답을 확인할 수 있는 최종 URL을 기재하십시오).

4	정답	ITQ정보기술자격
	URL	https://www.kpc.or.kr/certification/index.asp

- 4번 문제의 경우 개인 홈페이지나 블로그, 지식 검색(예 : 지식iN, 위키피디아 등)과 같이 개인사견이 들어 있는 사이트, 첨부파일은 정답으로 인정하지 않습니다.
- 9번의 이미지 파일은 인터넷 답안지에 삽입한 후 반드시 지정된 이미지 크기로 변경하시기 바랍니다.
- 문제에서 제시한 단위, Full name 등의 조건에 맞도록 답안을 작성하시기 바랍니다.

인터넷 윤리 (60점, 각 30점)

※ 문제에 대한 적절한 내용의 번호를 골라 답안지에 기재하시오.

[문제 1] 다음 중 개인정보 보호 수칙으로 옳지 않은 것은?

① 비밀번호는 주기적으로 변경한다.
② 개인정보는 친구에게만 알려준다.
③ 금융거래는 PC방에서 이용하지 않는다.
④ 출처가 불분명한 자료는 다운로드하지 않는다.

[문제 2] 택배 배송을 사칭한 피싱 문자가 왔을 때 올바른 대처법이 아닌 것은?

• 보기 •
① URL을 클릭하지 않는다.
② 개인정보 요청 시 응답하지 않는다.
③ 기재된 전화번호로 전화를 걸어 확인 후 삭제한다.
④ 출처를 알 수 없는 앱은 함부로 설치되지 않도록 스마트폰 보안설정을 강화한다.

인터넷 검색 (370점)

■ 일반검색 I 각 10점

[문제 3] 제24회 전주국제영화제 수상작을 〈보기〉에서 찾아 해당 번호를 답안지에 적으시오(번호).

3-1) 국제경쟁-대상 ……………………………………………………… (   )
3-2) 한국경쟁-대상 ……………………………………………………… (   )
3-3) 한국단편경쟁-감독상 ……………………………………………… (   )

• 보기 •
① 돌을 찾아서   ② 너를 줍다   ③ 유령극   ④ 당신으로부터   ⑤ 밤 산책

■ 일반검색 II [각 50점]

[문제 4] 4K 이상 화질을 구현하는 카메라 100여 대가 역동적 인물 움직임을 캡처, 360도 입체 홀로그램으로 만들어내는 기술을 말한다. 실사를 기반으로 입체 영상을 만들기 때문에 현실성이 뛰어나다. 이것을 일컫는 <u>용어</u>를 검색하시오(정답, URL).

[문제 5] 소비자물가지수는 소비자가 구입하는 상품과 서비스의 가격변동을 측정하고, 일반국민들의 일상생활에 직접 영향을 주는 중요한 경제지표 중의 하나이다. 2023년 4월 울산광역시의 <u>소비자물가지수</u>(단위 : 2020=100)를 검색하시오(정답).

■ 가로·세로 정보검색 [각 30점]

※ 아래 각 문제의 설명을 읽고 가로·세로에 알맞은 단어를 답안에 기재하시오(정답).

[문제 6] (가로) 조선 시대에, 두 사람 이상이 한통속이 되어 사사로운 이익을 위하여 왕에게 바치던 보고서로 '대명률직해'에서는 이런 경우 참형으로 다스리고 그 가족은 유배형에 처하도록 하였다. 이것은 <u>무엇</u>인지 검색하시오.

[문제 7] (가로) '좁고 막다른 골목의 안쪽 구석'을 이르는 <u>우리말</u>을 검색하시오.

[문제 8] (세로) '쌀은 구슬보다 비싸고, 땔감은 계수나무보다 비싸다'라는 뜻으로, 물가가 치솟아 생활하기 어렵다는 것을 이르는 <u>사자성어</u>를 검색하시오.

■ 실용검색   각 50점

[문제 9] 길 찾기 서비스(포털 및 전문 검색사이트)를 이용하여 **제주해녀박물관**에서 제주 **세화민속오일시장**을 도보로 가는 지도 경로를 찾아 전체화면(길 찾기 검색화면, 경로 포함)을 캡처하여 답안 파일에 붙여 넣으시오(이미지 크기 150 mm x 100 mm).

[문제 10] 세계 5대 연안습지인 순천만은 235종의 철새와 120여 종의 식물이 서식하고 있는 생태계의 보고이다. 이 아름다운 순천만 일원에서 2023순천만국제정원박람회가 열린다. 2023순천만국제정원박람회의 **주제**를 검색하시오(정답).

[문제 11] 프리츠커상은 건축예술을 통해 재능과 비전, 책임의 뛰어난 결합을 보여주어 사람들과 건축환경에 일관적이고 중요한 기여를 한 생존한 건축가에게 수여한다. 2023 프리츠커상 **수상자**(성명)를 검색하시오(정답).

정보 가공 (70점)

※ 제시된 주제에 따라 답안을 완성하시오.

[문제 12] 한국차박물관은 대한민국 최대 차 생산지인 녹차수도 보성에 설립되었고, 차에 대한 풍부한 콘텐츠를 담은 차 전문 박물관으로 차문화의 올바른 정립 및 연구와 보급에 구심점 역할을 하고 있다. 한국차박물관에 대한 정보를 검색하여 다음의 안내문 내용을 완성하시오.

[답안]

한국차박물관	
(12-1) 보성군청 브랜드슬로건 **이미지**	(12-2) 한국차박물관 영상실 평일 **사용료**(1회, 4시간, 단위 : 원) (12-3) 한국차박물관 소장품 '다도편몽'의 **국적** (12-4) 한국차박물관 **주소**(도로명)

최신기출유형

과목	코드	문제유형	시험시간	수험번호	성명
인터넷	1152	C	60분		

수험자 유의사항

- 수험자는 문제지를 받는 즉시 **응시하고자 하는 과목의 문제지가 맞는지 확인**하여야 합니다.
- 시험과 직접 관련이 없는 행위 즉, 각종 웹사이트 로그인, 댓글 달기, 게시, 자료 업로드 등의 행위 또는 답안 내역을 보조기억장치 및 기타 통신수단(게시판, 이메일, 메신저, 네트워크 등)을 이용하여 타인에게 전달 또는 외부로 반출하는 경우는 자격기본법 제32에 의거 부정행위로 간주되어 본 시험 및 국가공인 자격시험을 2년간 응시할 수 없습니다.
- 내 PC\문서\ITQ 폴더의 "답안파일-인터넷.hwp" 파일을 열어 파일 이름을 "수험번호-성명-인터넷.hwp"로 답안 폴더에 다시 저장한 후 답안 작성을 시작하여야 하며, 답안문서 파일명이 일치하지 않을 경우 실격 처리됩니다(예 : 12345678-홍길동-인터넷.hwp).
  (시험시 제공되는 답안파일 양식을 사용하지 않을 경우에는 0점 처리됨)
- 답안 작성을 마치면 파일을 저장하고, '답안 전송' 버튼을 선택하여 감독위원 PC로 답안을 전송하십시오. 수험자 정보와 저장한 파일명이 다를 경우 전송되지 않으므로 주의하시기 바랍니다.
- 답안 작성 중에도 **주기적으로 저장하고 답안을 전송**하여야 문제 발생을 줄일 수 있습니다. 작업한 내용을 저장하지 않고 전송할 경우 이전에 저장된 내용이 전송되오니 이점 유의하시기 바랍니다.
- 시험 중 부주의 또는 고의로 시스템을 파손한 경우는 수험자가 변상해야 하며, 〈수험자 유의사항〉에 기재된 방법대로 이행하지 않아 생기는 불이익은 수험자 당사자의 책임임을 알려 드립니다.
- 시험을 완료한 수험자는 답안파일이 전송되었는지 확인한 후 감독위원의 지시에 따라 문제지를 제출하고 퇴실합니다.

답안 작성요령

- 온라인 답안 작성 절차
  수험자 등록 ➡ 시험 시작 ➡ 답안파일 저장 ➡ 답안 전송 ➡ 시험 종료
- 시험 시작 전 시험과 무관한 프로그램의 실행을 중지시켜 주시기 바랍니다(채팅, 파일공유 등).
- 문제에 (정답)이라고 표시되어 있으면 정답만을 작성란에 기재하고, (정답, URL)이라고 표시되어 있으면 정답과 함께 URL을 반드시 기재하시기 바랍니다. 이를 준수하지 않을 경우 감점, 오답 처리 등 불이익이 있을 수 있습니다.
- 문제 번호에 따라 정답을 아래와 같이 답안파일에 정확히 기록하십시오.

과목	코드	문제유형	시험시간	수험번호	성명
인터넷	1152		60분		

문제번호		답안
문제6	정답	대한민국

- 4번 문제는 번호에 따라 정답과 URL을 아래와 같이 답안파일에 정확히 기록하십시오(URL은 정답을 확인할 수 있는 최종 URL을 기재하십시오).

4	정답	ITQ정보기술자격
	URL	https://www.kpc.or.kr/certification/index.asp

- 4번 문제의 경우 개인 홈페이지나 블로그, 지식 검색(예 : 지식iN, 위키피디아 등)과 같이 개인사견이 들어 있는 사이트, 첨부파일은 정답으로 인정하지 않습니다.
- 9번의 이미지 파일은 인터넷 답안지에 삽입한 후 반드시 지정된 이미지 크기로 변경하시기 바랍니다.
- 문제에서 제시한 단위, Full name 등의 조건에 맞도록 답안을 작성하시기 바랍니다.

인터넷 윤리 (60점, 각 30점)

※ 문제에 대한 적절한 내용의 번호를 골라 답안지에 기재하시오.

[문제 1] 다음 중 인터넷 게임 중독자의 일반적인 증상이 아닌 것은?

① 게임을 하기 위해 더 많은 돈을 사용하게 된다.
② 게임 속의 나보다 실제의 내가 더 좋다.
③ 만족감을 느끼기 위해 점점 더 많은 시간 동안 게임을 한다.
④ 게임을 하지 않으면 불안감, 짜증, 초조 등을 느낀다.

[문제 2] 다음 중 거래를 피해야 할 전자상거래 사이트가 아닌 것은?

• 보기 •
① 쪽지나 가격비교사이트를 이용해 낮은 가격을 제시하고 현금결제만 유도한다.
② 사업자 정보나 연락처가 없거나 휴대전화 번호만 기재되어 있다.
③ 스팸메일을 이용해 시중에서 구할 수 없는 좋은 조건으로 할인한다고 광고한다.
④ 세관을 거치고 배송기간이 1주일 걸린다.

인터넷 검색 (370점)

■ 일반검색 Ⅰ 각 10점

[문제 3] 다음 국가중요어업유산 지정번호의 어업 명칭을 〈보기〉에서 찾아 해당 번호를 답안지에 적으시오 (번호).

3-1) 제3호 국가중요어업유산 ·· (   )
3-2) 제5호 국가중요어업유산 ·· (   )
3-3) 제7호 국가중요어업유산 ·· (   )

• 보기 •
① 완도 지주식 김 양식어업   ② 제주 해녀어업   ③ 하동·광양 재첩잡이 손틀어업
④ 전북 부안군 곰소 천일염업   ⑤ 남해 죽방렴

■ 일반검색 II `각 50점`

[문제 4] 은행에 대한 공포가 감염병처럼 급속하게 번진다는 뜻을 가진 신조어이다. 2023년 3월 10일 미국 실리콘밸리은행(SVB) 파산으로 시작된 금융시장에 대한 공포가 크레디스위스(CS)를 거쳐 독일 도이치뱅크까지 확산되면서 등장하였다. 이것을 일컫는 <u>용어</u>를 검색하시오(정답, URL).

[문제 5] 표준지공시지가란 대한민국 전국의 개별토지 중 지가대표성 등이 있는 토지를 선정·조사하여 평가·공시하는 것으로서 매년 1월 1일 기준 표준지의 단위면적당 가격(원/㎡)을 말한다. 다음 소재지의 <u>2023년 표준지공시지가</u>(단위 : 원/㎡)를 검색하시오(정답).

> 전라남도 여수시 관문동 134-15 여수여자고교 동측인근

■ 가로·세로 정보검색 `각 30점`

※ 아래 각 문제의 설명을 읽고 가로·세로에 알맞은 단어를 답안에 기재하시오(정답).

[문제 6] (세로) 무엇이 보일 듯 말 듯 희미한 모양을 이르는 <u>우리말</u>을 검색하시오.

[문제 7] (가로) '사귀어 이로운 세 부류의 벗'의 의미로, 정직(正直)한 사람과 성실(誠實)한 사람과 견문(見聞)이 넓은 사람을 이르는 <u>사자성어</u>를 검색하시오.

[문제 8] (세로) 지방 관아들 사이에서 공문서나 물건을 지고 다니던 사람을 말한다. 이것은 <u>무엇</u>인지 검색하시오.

■ 실용검색   각 50점

[문제 9] 길 찾기 서비스(포털 및 전문 검색사이트)를 이용하여 서울 **안국역 1번출구**에서 **국립현대미술관 서울**을 도보로 가는 지도 경로를 찾아 전체화면(길 찾기 검색화면, 경로 포함)을 캡처하여 답안 파일에 붙여 넣으시오(이미지 크기 150 mm x 100 mm).

[문제 10] 미국 핵과학자회(BAS)는 지구 멸망 시간을 자정으로 설정하고, 핵 위협과 기후변화 위기 등을 종합적으로 고려해 지구 종말까지 얼마나 남았는지 매년 발표한다. 2023년 지구종말 시계(Doomsday Clock)의 지구 종말까지 남은 **시간**(단위 : 초)을 검색하시오(정답).

[문제 11] 한국도로공사 홈페이지에서 통행요금조회를 찾아 서서울(출발요금소)-북양양(도착요금소) 간 263.17km를 고속도로를 이용할 경우 1종(소형차)으로 구분되는 일반승용차의 **통행요금**(정상요금, 단위 : 원)을 검색하시오(정답).

 정보 가공   (70점)

※ 제시된 주제에 따라 답안을 완성하시오.

[문제 12] 궁중문화축전은 대한민국을 대표하는 문화유산이며 조선과 대한제국의 역사를 품고 있는 경복궁, 창덕궁, 창경궁, 덕수궁, 경희궁 등 서울 소재 5개의 궁궐과 종묘, 사직단에서 펼쳐지는 문화유산 축제이다. 궁중문화축전에 대한 정보를 검색하여 다음의 안내문 내용을 완성하시오.

[답안]

2023 궁중문화축전	
(12-1) 궁중문화축전 로고 (메인 시그니처) **이미지**	(12-2) 2023 봄 궁중문화축전 **행사기간**(월일~월일) (12-3) 2023 봄 궁중문화축전 '아티스트가 사랑한 궁'의 **공연장소** (12-4) 2023 창덕궁 달빛기행 1인 **관람요금**(단위 : 원)

최신기출유형

과목	코드	문제유형	시험시간	수험번호	성명
인터넷	1152	D	60분		

수험자 유의사항

◆ 수험자는 문제지를 받는 즉시 **응시하고자 하는 과목의 문제지가 맞는지 확인**하여야 합니다.
◆ 시험과 직접 관련이 없는 행위 즉, 각종 웹사이트 로그인, 댓글 달기, 게시, 자료 업로드 등의 행위 또는 답안 내역을 보조기억장치 및 기타 통신수단(게시판, 이메일, 메신저, 네트워크 등)을 이용하여 타인에게 전달 또는 외부로 반출하는 경우는 자격기본법 제32에 의거 부정행위로 간주되어 본 시험 및 국가공인 자격시험을 2년간 응시할 수 없습니다.
◆ 내 PC₩문서₩ITQ 폴더의 "답안파일-인터넷.hwp" 파일을 열어 파일 이름을 "수험번호-성명-인터넷.hwp"로 답안 폴더에 다시 저장한 후 답안 작성을 시작하여야 하며, 답안문서 파일명이 일치하지 않을 경우 실격 처리됩니다(예 : 12345678-홍길동-인터넷.hwp).
  (시험시 제공되는 답안파일 양식을 사용하지 않을 경우에는 0점 처리됨)
◆ 답안 작성을 마치면 파일을 저장하고, '답안 전송' 버튼을 선택하여 감독위원 PC로 답안을 전송하십시오. 수험자 정보와 저장한 파일명이 다를 경우 전송되지 않으므로 주의하시기 바랍니다.
◆ 답안 작성 중에도 **주기적으로 저장하고 답안을 전송**하여야 문제 발생을 줄일 수 있습니다. 작업한 내용을 저장하지 않고 전송할 경우 이전에 저장된 내용이 전송되오니 이점 유의하시기 바랍니다.
◆ 시험 중 부주의 또는 고의로 시스템을 파손한 경우는 수험자가 변상해야 하며, 〈수험자 유의사항〉에 기재된 방법대로 이행하지 않아 생기는 불이익은 수험자 당사자의 책임임을 알려 드립니다.
◆ 시험을 완료한 수험자는 답안파일이 전송되었는지 확인한 후 감독위원의 지시에 따라 문제지를 제출하고 퇴실합니다.

답안 작성요령

◆ 온라인 답안 작성 절차
  수험자 등록 ➡ 시험 시작 ➡ 답안파일 저장 ➡ 답안 전송 ➡ 시험 종료
◆ 시험 시작 전 시험과 무관한 프로그램의 실행을 중지시켜 주시기 바랍니다(채팅, 파일공유 등).
◆ 문제에 (정답)이라고 표시되어 있으면 정답만을 작성란에 기재하고, (정답, URL)이라고 표시되어 있으면 정답과 함께 URL을 반드시 기재하시기 바랍니다. 이를 준수하지 않을 경우 감점, 오답 처리 등 불이익이 있을 수 있습니다.
◆ 문제 번호에 따라 정답을 아래와 같이 답안파일에 정확히 기록하십시오.

과목	코드	문제유형	시험시간	수험번호	성명
인터넷	1152		60분		

문제번호		답안
문제6	정답	대한민국

◆ 4번 문제는 번호에 따라 정답과 URL을 아래와 같이 답안파일에 정확히 기록하십시오(URL은 정답을 확인할 수 있는 최종 URL을 기재하십시오).

	정답	ITQ정보기술자격
4	URL	https://www.kpc.or.kr/certification/index.asp

◆ 4번 문제의 경우 개인 홈페이지나 블로그, 지식 검색(예 : 지식iN, 위키피디아 등)과 같이 개인사견이 들어 있는 사이트, 첨부파일은 정답으로 인정하지 않습니다.
◆ 9번의 이미지 파일은 인터넷 답안지에 삽입한 후 반드시 지정된 이미지 크기로 변경하시기 바랍니다.
◆ 문제에서 제시한 단위, Full name 등의 조건에 맞도록 답안을 작성하시기 바랍니다.

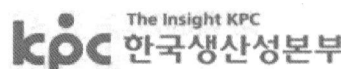

인터넷 윤리 (60점, 각 30점)

※ 문제에 대한 적절한 내용의 번호를 골라 답안지에 기재하시오.

[문제 1] 다음 중 사이버범죄의 유형에 해당하지 않는 것은?

① 파밍, 피싱, 스미싱
② 유해 콘텐츠 온라인 유통
③ 해킹
④ 프리웨어 배포

[문제 2] 인터넷 게시판 사용에 대한 예절로 옳지 않은 것은?

• 보기 •
① 같은 내용은 반복해서 작성하지 않는다.
② 제목은 내용에 알맞게 사용한다.
③ 게시물에 질문을 하고 답변을 얻었으면 질문과 답변을 바로 삭제하고 나온다.
④ 문법과 맞춤법은 올바르게 사용한다.

인터넷 검색 (370점)

■ 일반검색 Ⅰ 각 10점

[문제 3] 제76회 영국 아카데미 시상식 수상작을 〈보기〉에서 찾아 해당 번호를 답안지에 적으시오(번호).

3-1) 남우주연상 ·· (   )
3-2) 감독상 ·· (   )
3-3) 미술상 ·· (   )

• 보기 •
① 서부 전선 이상 없다   ② 이니셰린의 밴시   ③ 엘비스
④ 애프터 썬   ⑤ 바빌론

■ 일반검색 II 　　　　　　　　　　　　　　　　　　　　　　　　　　　　　　　각 50점

[문제 4] 정어리들이 천적인 이것을 보면 더 활발히 움직인다는 사실에서 유래한다. 막강한 경쟁자의 존재가 다른 경쟁자들의 잠재력을 끌어올리는 효과를 말한다. 이것을 일컫는 <u>용어</u>를 검색하시오 (정답, URL).

[문제 5] 통계청이 발표한 '2023년 1월 온라인쇼핑 동향'에 따르면 지난 1월 온라인 쇼핑 총 거래액은 17조 9,192억 원이었다. 이는 전년 동월 대비 1조634억 원(6.3%) 증가한 금액이다. 통계청 온라인쇼핑 동향에서 여행 및 교통서비스 상품군의 <u>2023년 1월 모바일쇼핑 거래액</u>(단위 : 백만원)을 검색하시오 (정답).

■ 가로·세로 정보검색 　　　　　　　　　　　　　　　　　　　　　　　　　　　　각 30점

※ 아래 각 문제의 설명을 읽고 가로·세로에 알맞은 단어를 답안에 기재하시오(정답).

[문제 6] (세로) '고기를 잡으려고 하늘을 향해 쏜다'라는 뜻으로, 고기는 물에서 구해야 하는데 하늘에서 구함, 곧 불가능한 일을 하려 함을 의미하는 <u>사자성어</u>를 검색하시오.

[문제 7] (가로) 서로 마음이 맞지 아니하여 사이가 꽤 벌어지는 모양을 이르는 <u>우리말</u>을 검색하시오.

[문제 8] (가로) 조선 시대에, 중죄인이 유배된 집 둘레에 가시울타리를 쳐서 외출을 못 하게 하던 형벌을 말한다. 이것은 <u>무엇</u>인지 검색하시오.

■ 실용검색

각 50점

[문제 9] 길 찾기 서비스(포털 및 전문 검색사이트)를 이용하여 **국립청주박물관**에서 **청주랜드동물원**을 도보로 가는 지도 경로를 찾아 전체 화면(길 찾기 검색화면, 경로 포함)을 캡처하여 답안 파일에 붙여 넣으시오(이미지 크기 150 mm x 100 mm).

[문제 10] 우정사업본부는 올해 문화재청과 협업하여 환수 문화재 낙수정 출토 범종, 나전국화넝쿨무늬 합 등 4종을 주제로 '다시 찾은 소중한 문화유산' 기념우표를 발행했다. '다시 찾은 소중한 문화유산' 기념우표의 **발행일**(월일)을 검색하시오(정답).

[문제 11] 서울시 오래가게는 서울지역 내 30년 이상의 역사를 가졌거나, 2대 이상 대를 잇는 곳 또는 무형 문화재 등 명인과 장인이 기술과 가치를 이어가는 가게를 우선 기준으로 하고 있다. 오래가게로 선정된 송파구의 **가게**(상점명)를 검색하시오(정답).

 정보 가공 (70점)

※ 제시된 주제에 따라 답안을 완성하시오.

[문제 12] 부산현대미술관은 동시대 미술을 중심으로 하는 공립 '현대'미술관이다. 오늘날의 미술 동향과 사회적 맥락에 대한 연구를 바탕으로 새로운 담론을 제시하는 전시, 미래지향적인 예술 교육 프로그램, 국제 네트워크와 협력, 동시대 미술작품 수집, 그리고 학술행사 등 미술관으로서의 역할을 수행한다. 부산현대미술관에 대한 정보를 검색하여 다음의 안내문 내용을 완성하시오.

[답안]

부산현대미술관	
(12-1) 부산 사하구 상징마크 **이미지**	(12-2) 부산현대미술관 **개관일**(연월)
	(12-3) 2022년 6월부터 2023년 9월까지 전시된 'Re: 새-새-정글' **참여작가**(성명, 2명)
	(12-4) 부산현대미술관 **주소**(도로명)

최신기출유형

과목	코드	문제유형	시험시간	수험번호	성명
인터넷	1152	E	60분		

수험자 유의사항

◆ 수험자는 문제지를 받는 즉시 **응시하고자 하는 과목의 문제지가 맞는지 확인**하여야 합니다.
◆ 시험과 직접 관련이 없는 행위 즉, 각종 웹사이트 로그인, 댓글 달기, 게시, 자료 업로드 등의 행위 또는 답안 내역을 보조기억장치 및 기타 통신수단(게시판, 이메일, 메신저, 네트워크 등)을 이용하여 타인에게 전달 또는 외부로 반출하는 경우는 자격기본법 제32에 의거 부정행위로 간주되어 본 시험 및 국가공인 자격시험을 2년간 응시할 수 없습니다.
◆ 내 PC\문서\ITQ 폴더의 "답안파일-인터넷.hwp" 파일을 열어 파일 이름을 "수험번호-성명-인터넷.hwp"로 답안 폴더에 다시 저장한 후 답안 작성을 시작하여야 하며, 답안문서 파일명이 일치하지 않을 경우 실격 처리됩니다(예 : 12345678-홍길동-인터넷.hwp).
  (시험시 제공되는 답안파일 양식을 사용하지 않을 경우에는 0점 처리됨)
◆ 답안 작성을 마치면 파일을 저장하고, '답안 전송' 버튼을 선택하여 감독위원 PC로 답안을 전송하십시오. 수험자 정보와 저장한 파일명이 다를 경우 전송되지 않으므로 주의하시기 바랍니다.
◆ 답안 작성 중에도 **주기적으로 저장하고 답안을 전송**하여야 문제 발생을 줄일 수 있습니다. 작업한 내용을 저장하지 않고 전송할 경우 이전에 저장된 내용이 전송되오니 이점 유의하시기 바랍니다.
◆ 시험 중 부주의 또는 고의로 시스템을 파손한 경우는 수험자가 변상해야 하며, 〈수험자 유의사항〉에 기재된 방법대로 이행하지 않아 생기는 불이익은 수험자 당사자의 책임임을 알려 드립니다.
◆ 시험을 완료한 수험자는 답안파일이 전송되었는지 확인한 후 감독위원의 지시에 따라 문제지를 제출하고 퇴실합니다.

답안 작성요령

◆ 온라인 답안 작성 절차
  수험자 등록 ➡ 시험 시작 ➡ 답안파일 저장 ➡ 답안 전송 ➡ 시험 종료
◆ 시험 시작 전 시험과 무관한 프로그램의 실행을 중지시켜 주시기 바랍니다(채팅, 파일공유 등).
◆ 문제에 (정답)이라고 표시되어 있으면 정답만을 작성란에 기재하고, (정답, URL)이라고 표시되어 있으면 정답과 함께 URL을 반드시 기재하시기 바랍니다. 이를 준수하지 않을 경우 감점, 오답 처리 등 불이익이 있을 수 있습니다.
◆ 문제 번호에 따라 정답을 아래와 같이 답안파일에 정확히 기록하십시오.

과목	코드	문제유형	시험시간	수험번호	성명
인터넷	1152		60분		

문제번호		답안
문제6	정답	대한민국

◆ 4번 문제는 번호에 따라 정답과 URL을 아래와 같이 답안파일에 정확히 기록하십시오(URL은 정답을 확인할 수 있는 최종 URL을 기재하십시오).

	정답	ITQ정보기술자격
4	URL	https://www.kpc.or.kr/certification/index.asp

◆ 4번 문제의 경우 개인 홈페이지나 블로그, 지식 검색(예 : 지식iN, 위키피디아 등)과 같이 개인사견이 들어 있는 사이트, 첨부파일은 정답으로 인정하지 않습니다.
◆ 9번의 이미지 파일은 인터넷 답안지에 삽입한 후 반드시 지정된 이미지 크기로 변경하시기 바랍니다.
◆ 문제에서 제시한 단위, Full name 등의 조건에 맞도록 답안을 작성하시기 바랍니다.

kpc 한국생산성본부

인터넷 윤리 (60점, 각 30점)

※ 문제에 대한 적절한 내용의 번호를 골라 답안지에 기재하시오.

[문제 1] 다음 중 휴대전화 스팸방지 수칙으로 옳은 것은?

① TV홈쇼핑 주문 시 휴대폰으로 주문하지 않기
② 인터넷 회원가입 시 전화 광고 수신에 모두 동의하기
③ 단말기에 등록된 전화번호 이외의 모든 번호는 착신거부 설정하기
④ 스팸으로 의심되는 경우 응답하지 않기

[문제 2] 다음 중 안전한 전자금융거래 사용법으로 옳지 않은 것은?

• 보기 •
① 공동인증서는 USB 등 이동식 저장장치에 보관한다.
② 전자금융거래 이용 내역을 본인에게 즉시 알려주는 휴대폰 서비스를 이용한다.
③ 금융계좌, 금융인증서 등의 각종 비밀번호는 동일하게 설정한다.
④ 은행에서 제공하는 보안프로그램 설치하고 최신으로 업데이트한다.

인터넷 검색 (370점)

■ 일반검색 Ⅰ 각 10점

[문제 3] 제19회 한국대중음악상 수상자를 〈보기〉에서 찾아 해당 번호를 답안지에 적으시오(번호).

3-1) 올해의 음반 ·· (   )
3-2) 올해의 음악인 ·· (   )
3-3) 최우수팝-음반 ·· (   )

• 보기 •
① 이랑   ② aespa   ③ 이무진   ④ 방탄소년단(BTS)   ⑤ 아이유

제10회 _ 최신기출유형 159

■ 일반검색 II　　　　　　　　　　　　　　　　　　　　　　　　각 50점

[문제 4]　탈중앙화된 금융 시스템을 일컫는 말로, 정부나 기업 등 중앙기관의 통제 없이 인터넷 연결만 가능하면 블록체인 기술로 다양한 금융 서비스를 제공하는 것을 뜻한다. 이것을 일컫는 **용어**를 검색하시오(정답, URL).

[문제 5]　2023년 삼일절에 기상청 천안 무인관서에서 관측한 **일최고기온**(단위: ℃ 소수첫째자리까지 표시)을 검색하시오(정답).

■ 가로·세로 정보검색　　　　　　　　　　　　　　　　　　　각 30점

※ 아래 각 문제의 설명을 읽고 가로·세로에 알맞은 단어를 답안에 기재하시오(정답).

[문제 6]　(세로) '그물이 없으면서 고기를 얻고 싶어한다'라는 뜻으로, 얻을 수단이 없으면서 무엇을 갖고 싶어 함을 의미하는 **사자성어**를 검색하시오.

[문제 7]　(가로) 키가 크고 몸집이 큰 사람을 놀림조로 이르는 **우리말**을 검색하시오.

[문제 8]　(세로) 신라 때의 무관 벼슬로 군사 조직의 기본 단위인 당(幢)을 거느렸다. 이것은 **무엇**인지 검색하시오.

■ 실용검색 각 50점

[문제 9] 길 찾기 서비스(포털 및 전문 검색사이트)를 이용하여 경주 **첨성대**에서 **국립경주박물관 정문**을 도보로 가는 지도 경로를 찾아 전체화면(길 찾기 검색화면, 경로 포함)을 캡처하여 답안 파일에 붙여 넣으시오 (이미지 크기 150 mm x 100 mm).

[문제 10] 세계스카우트 잼버리는 세계스카우트연맹이 4년마다 개최하는 전 세계적인 청소년 야영축제 활동으로, 이를 기념하기 위해 2023 새만금 「제25회 세계스카우트잼버리」기념주화를 발행했다. 기념주화 디자인으로 사용된 공식 캐릭터의 **이름**을 검색하시오(정답).

[문제 11] COFIX(Cost of Funds Index)는 은행들의 자금조달 관련 정보를 기초로 산출되는 자금조달비용 지수로, '신규취급액기준 COFIX', '잔액기준 COFIX', '신 잔액기준 COFIX', '단기 COFIX'로 구분하여 공시된다. 대상월 2023년 1월(공시일: 2023년 2월 15일)의 **잔액기준 COFIX**(단위 : %)를 검색하시오(정답).

 정보 가공 (70점)

※ 제시된 주제에 따라 답안을 완성하시오.

[문제 12] 2005년 10월 개관한 국립중앙박물관은 한국의 문화유산을 보존 및 전시, 교육을 목적으로 건립된 문화체육관광부 산하의 국립박물관이다. 국립중앙박물관에 대한 정보를 검색하여 다음의 안내문 내용을 완성하시오.

[답안]

국립중앙박물관	
(12-1) '합스부르크 600년, 매혹의 걸작들' 특별전 포스터 **이미지**	(12-2) '외규장각 의궤, 그 고귀함의 의미' 특별전 **전시기간** (연월일~연월일)
	(12-3) 2023년 계묘년 맞이 "토끼를 찾아라" 테마전 통일신라실 **전시품**
	(12-4) 국립중앙박물관 **주소**(도로명)

memo

PART 04

ITQ 정답

01 유형별 공략하기

02 실전모의고사

03 최신기출유형

01 유형 인터넷 윤리

문제 01	정답	④	문제 02	정답	③
문제 03	정답	④	문제 04	정답	④
문제 05	정답	②	문제 06	정답	④
문제 07	정답	①	문제 08	정답	①
문제 09	정답	②	문제 10	정답	①
문제 11	정답	②	문제 12	정답	④
문제 13	정답	②	문제 14	정답	②
문제 15	정답	③	문제 16	정답	④
문제 17	정답	④	문제 18	정답	③
문제 19	정답	④	문제 20	정답	①

02 유형 일반검색 Ⅰ

문제	1-1	정답	④	문제	2-1	정답	④
	1-2	정답	①		2-2	정답	⑤
	1-3	정답	③		2-3	정답	②
문제	3-1	정답	④	문제	4-1	정답	②
	3-2	정답	⑤		4-2	정답	①
	3-3	정답	③		4-3	정답	④
문제	5-1	정답	②	문제	6-1	정답	③
	5-2	정답	⑤		6-2	정답	①
	5-3	정답	④		6-3	정답	④
문제	7-1	정답	④	문제	8-1	정답	②
	7-2	정답	①		8-2	정답	④
	7-3	정답	③		8-3	정답	①
문제	9-1	정답	②	문제	10-1	정답	②
	9-2	정답	④		10-2	정답	③
	9-3	정답	①		10-3	정답	⑤
문제	11-1	정답	④	문제	12-1	정답	⑤
	11-2	정답	①		12-2	정답	②
	11-3	정답	②		12-3	정답	④

03 유형 일반 정보 검색 II - 유형잡기 01

문제 01	정답	라이트웨어(LiteWare)
	URL	https://terms.naver.com/entry.naver?docId=932204&cid=43667&categoryId=43667
문제 02	정답	내그웨어(Nagware)
	URL	https://terms.naver.com/entry.naver?docId=1603143&cid=50372&categoryId=50372
문제 03	정답	Digital rights management
	URL	https://terms.naver.com/entry.naver?docId=1221171&cid=40942&categoryId=32828
문제 04	정답	Steganography
	URL	https://terms.naver.com/entry.naver?docId=69867&cid=43667&categoryId=43667
문제 05	정답	워터링 홀(Watering Hole) or 표적 공격
	URL	https://terms.naver.com/entry.naver?docId=2070346&cid=55570&categoryId=55570
문제 06	정답	Universal Serial Bus Type-C 또는 USB Type-C 또는 USB-C 또는 C형 유에스비
	URL	https://terms.naver.com/entry.naver?docId=3548887&cid=42346&categoryId=42346
문제 07	정답	Light Fidelity 또는 Li-Fi (라이파이)
	URL	https://terms.naver.com/entry.naver?docId=2454687&cid=42346&categoryId=42346
문제 08	정답	breadcrumbs
	URL	https://terms.naver.com/entry.naver?docId=3548900&cid=42346&categoryId=42346

03 유형 일반 정보 검색 II - 유형잡기 02

문제 01	정답	10301	문제 02	정답	641,597
문제 03	정답	450	문제 04	정답	3.3
문제 05	정답	11.9℃	문제 06	정답	0.295
문제 07	정답	3.7℃	문제 08	정답	2,464명

04 유형 가로·세로 정보 검색

문제 01	문제 1	정답	더펄이	문제 02	문제 1	정답	알심
	문제 2	정답	이효상효		문제 2	정답	낭자야심
	문제 3	정답	경효전		문제 3	정답	자고송
문제 03	문제 1	정답	가사리	문제 04	문제 1	정답	술적심
	문제 2	정답	사시춘풍 또는 사면춘풍		문제 2	정답	강이오
	문제 3	정답	풍경궁		문제 3	정답	입이저심
문제 05	문제 1	정답	복이처	문제 06	문제 1	정답	유들유들
	문제 2	정답	결발부처		문제 2	정답	가라달
	문제 3	정답	결딴		문제 3	정답	자유활달

05 유형 실용검색 - 유형잡기 01

▼ 이곳에 답안 화면을 캡처하여 붙여 넣으시오(이미지 크기 150mm X 100mm).

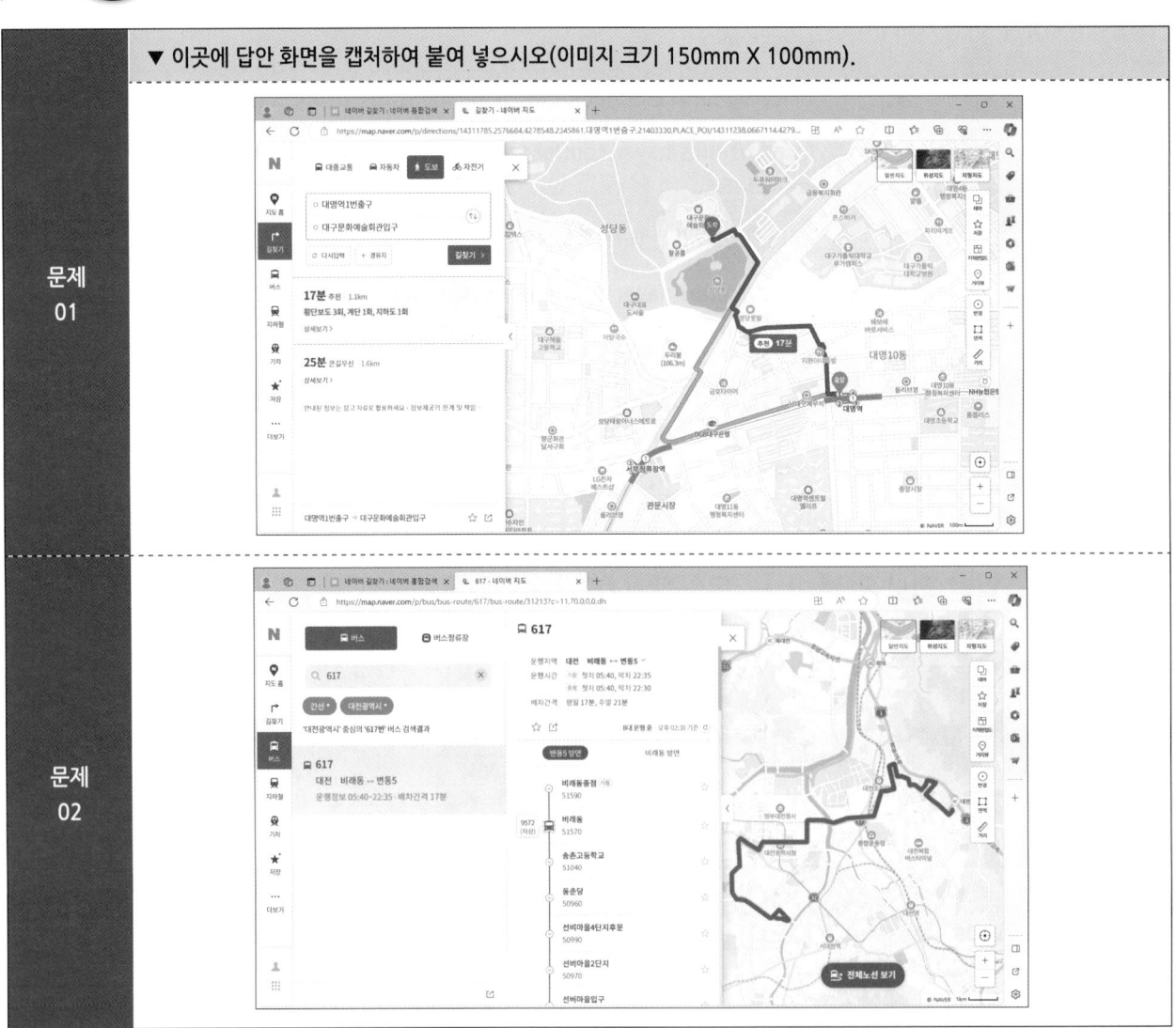

문제 01

문제 02

▼ 이곳에 답안 화면을 캡처하여 붙여 넣으시오(이미지 크기 150mm X 100mm).

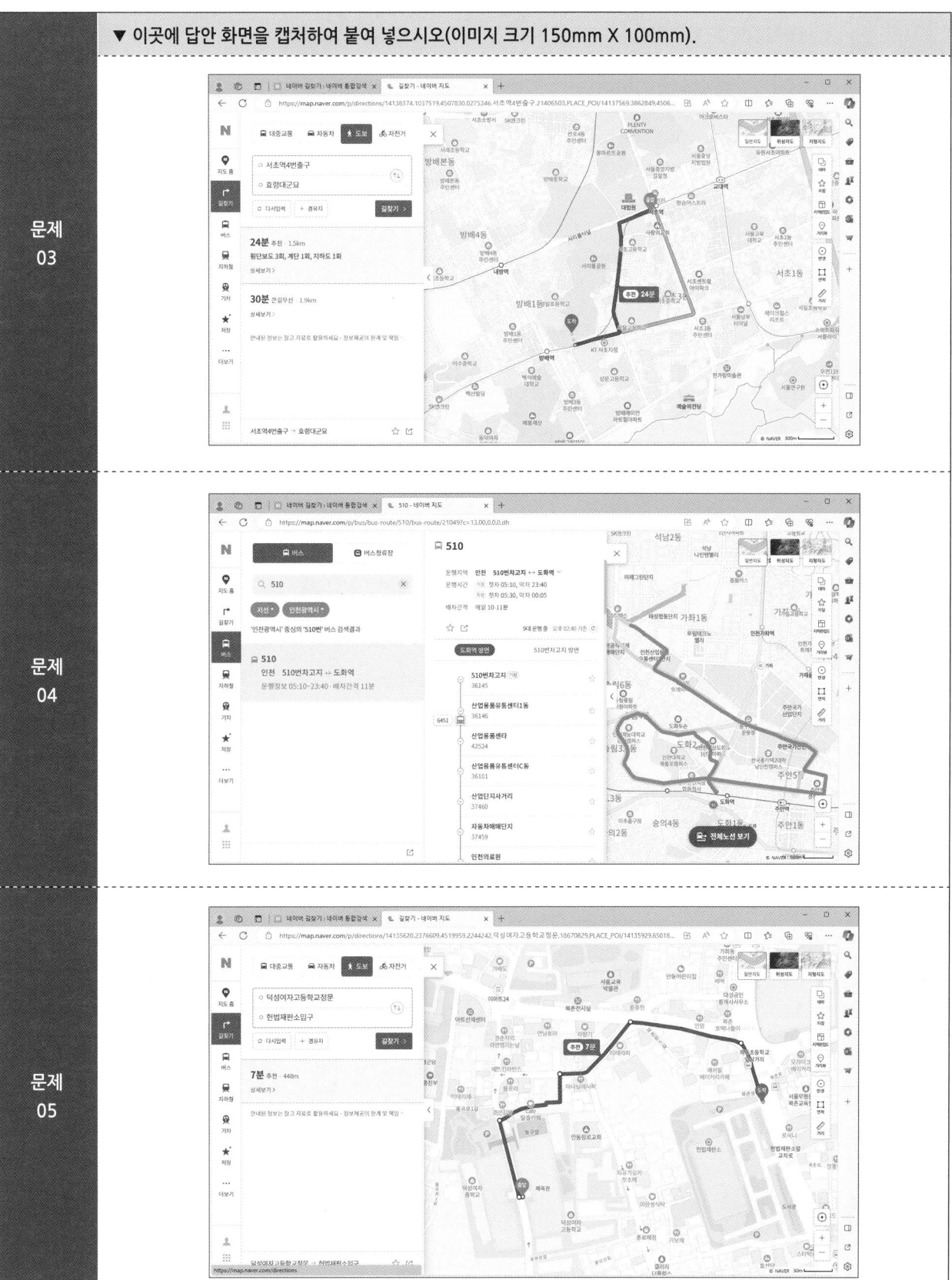

▼ 이곳에 답안 화면을 캡처하여 붙여 넣으시오(이미지 크기 150mm X 100mm).

문제 06

문제 07

문제 08

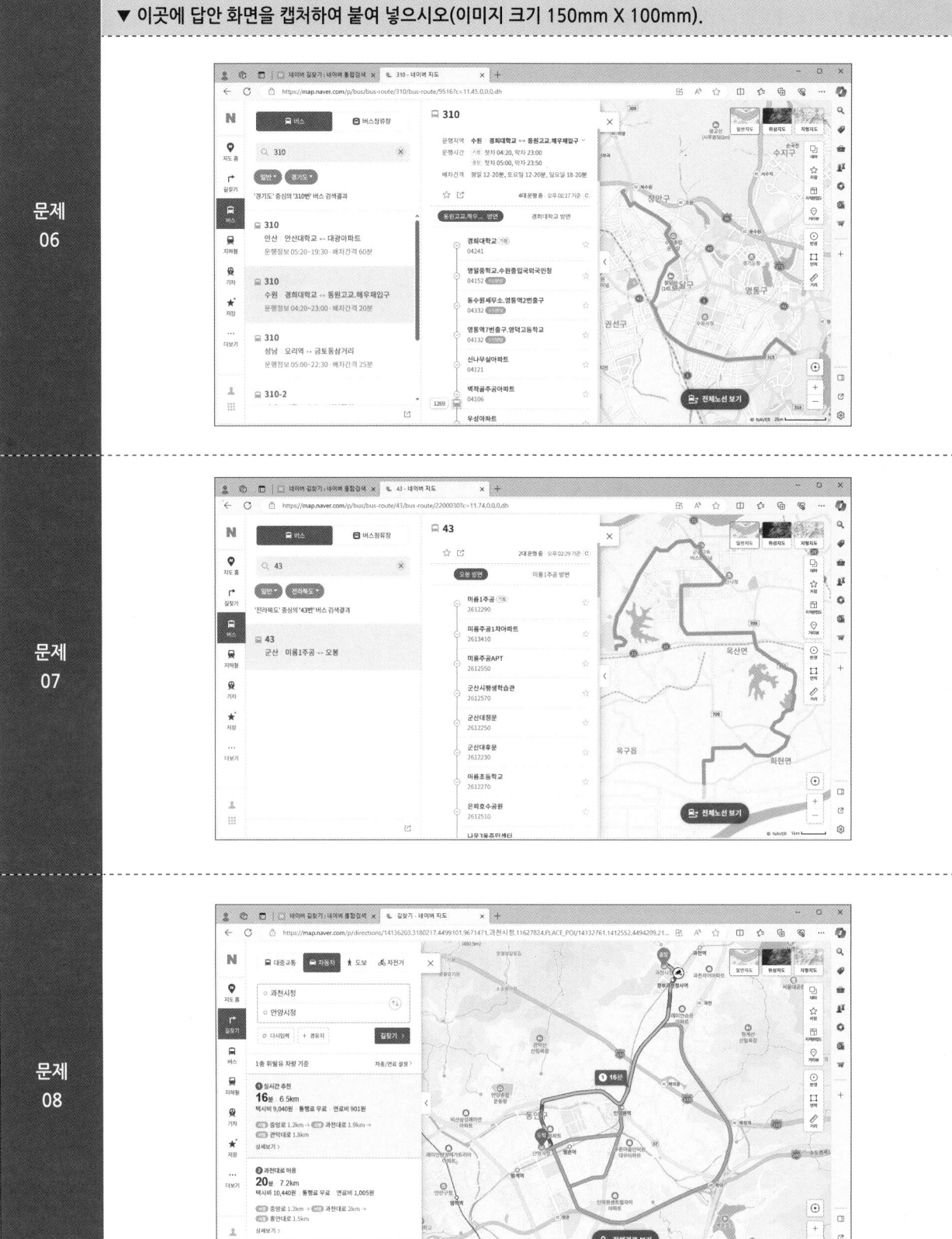

05 유형 실용검색 – 유형잡기 02

문제 01	정답	국립 4.19 민주묘지	문제 02	정답	홍이 동산, 평사리 마당, 용두레벌
문제 03	정답	6,700원	문제 04	정답	반려짝꿍
문제 05	정답	사랑의 묘약(서울시오페라단 `사랑의 묘약` 앙코르)	문제 06	정답	경기도 성남시 분당구 하오개로 323
문제 07	정답	08-308	문제 08	정답	16,600원
문제 09	정답	라파엘 아란다, 카르메 피헴(피젬), 라몬 빌랄타(Rafael Aranda, Carme Pigem and Ramon Vilalta)	문제 10	정답	430원

06 유형 정보가공

문제 01
2002 FIFA 대한민국 일본 월드컵 〈새 천년, 새 만남, 새 출발〉

	(1-2) 2002년 5월 31일~6월 30일
	(1-3) 서울, 대구
	(1-4) 한국, 독일, 브라질, 튀르키예

문제 02
중앙선거관리위원회

	(2-2) 대통령이 임명하는 3인, 국회에서 선출하는 3인, 대법원장이 지명하는 3인 등 총 9인으로 구성되며, 위원의 임기는 6년
	(2-3) 44 Hongchonmal-ro, Gwacheon-si, Gyeonggi-do
	(2-4) 4월12일

문제 03

2017 전주국제영화제

	(3-2) 영화 표현의 해방구 (Outlet for cinematic expression)
	(3-3) 라이플(Rifle)
	(3-4) 서바이벌 패밀리(Survival Family)

문제 04

세계적인 현대미술가 백남준

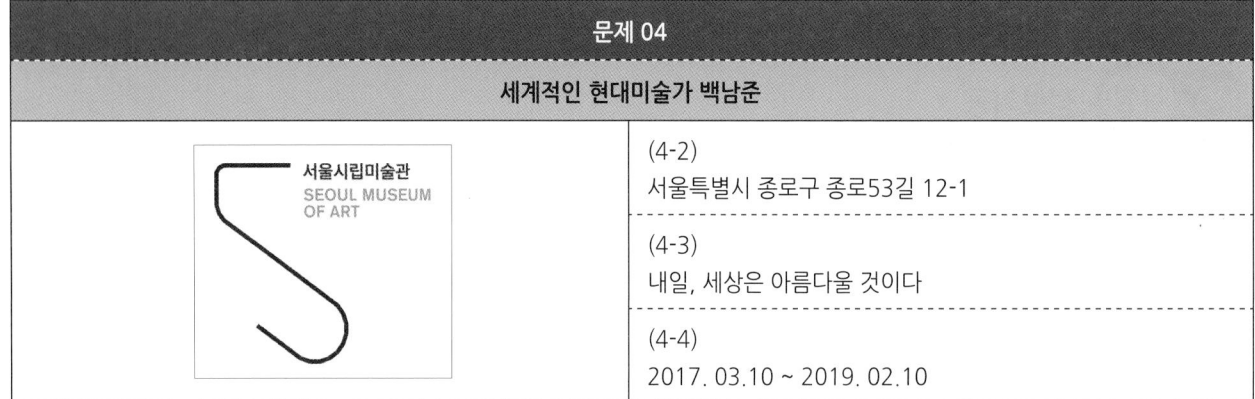

	(4-2) 서울특별시 종로구 종로53길 12-1
	(4-3) 내일, 세상은 아름다울 것이다
	(4-4) 2017. 03.10 ~ 2019. 02.10

제01회 실전모의고사

문제번호		답 안
문제 1	정답	2
문제 2	정답	3
문제 3-1	정답	4
문제 3-2	정답	2
문제 3-3	정답	1
문제 4	정답	International Mobile Telecommunications-2020 또는 IMT-2020(아이엠티-2020)
	URL	https://terms.naver.com/entry.naver?docId=5138732&cid=60016&categoryId=60016
문제 5	정답	0.08
문제 6	정답	숫기
문제 7	정답	재기환발
문제 8	정답	발구지
문제 9	▼ 이곳에 답안 화면을 캡처하여 붙여 넣으시오(이미지 크기 150mm X 100mm). 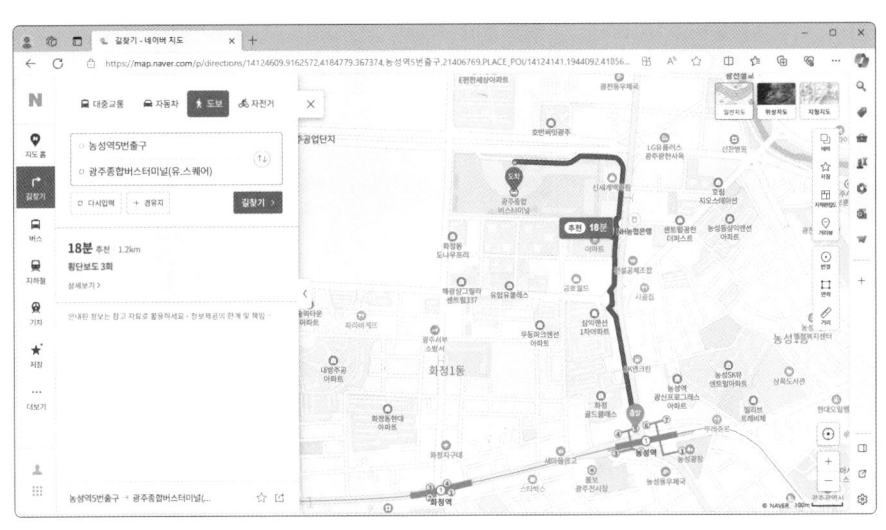	
문제 10	정답	2,100엔
문제 11	정답	김미화

문제 12

제46회 전국소년체육대회

(12-1) [로고 이미지]

(12-2) 몸도 튼튼, 마음도 튼튼, 나라도 튼튼

(12-3) 5월27〜5월30일

(12-4) 충청남도 아산시 남부로 370-24

제02회 실전모의고사

문제번호		답 안
문제 1	정답	1
문제 2	정답	4
문제 3-1	정답	1
문제 3-2	정답	3
문제 3-3	정답	2
문제 4	정답	deep learning
	URL	https://terms.naver.com/entry.naver?docId=2705536&cid=42107&categoryId=42107
문제 5	정답	-10.0℃
문제 6	정답	상하걸
문제 7	정답	드림셈
문제 8	정답	녹림호걸
문제 9	▼ 이곳에 답안 화면을 캡처하여 붙여 넣으시오(이미지 크기 150mm X 100mm).	
	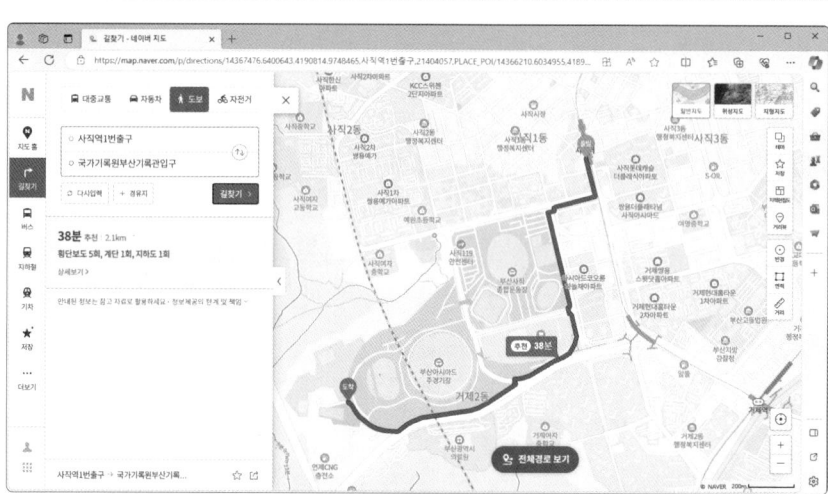	
문제 10	정답	100엔
문제 11	정답	에어필립(3P1451)
문제 12		안전한 먹거리 정보
	(12-1) 	(12-2) 식품을 제조·가공단계부터 판매단계까지 각 단계별로 이력추적 정보를 기록·관리하여 소비자에게 제공함으로써 안전한 식품선택을 위한 '소비자의 알권리'를 보장하고, 해당 식품의 안정성 등에 문제가 발생할 경우, 신속한 유통차단과 회수조치를 할 수 있도록 관리하는 제도를 말한다. (12-3) 23/06/14 (12-4) 1399

제03회 실전모의고사

문제번호		답안
문제 1	정답	1
문제 2	정답	3
문제 3-1	정답	5
문제 3-2	정답	2
문제 3-3	정답	4
문제 4	정답	다크 데이터
	URL	http://terms.naver.com/entry.nhn?docId=3548869&cid=42346&categoryId=42346
문제 5	정답	41120
문제 6	정답	계수관
문제 7	정답	강목수생
문제 8	정답	강다짐
문제 9	▼ 이곳에 답안 화면을 캡처하여 붙여 넣으시오(이미지 크기 150mm X 100mm). 	
문제 10	정답	211,500원
문제 11	정답	서울 영재의원
문제 12	2022 세계축제도시 진주	
	(12-1) 	(12-2) 다양성-창의성의 토대 (Diversity-Foundation of Creativity) (12-3) 10월 26일~10월31일 (12-4) 촉석산성아리아

제04회 실전모의고사

문제번호		답안
문제 1	정답	4
문제 2	정답	2
문제 3-1	정답	3
문제 3-2	정답	5
문제 3-3	정답	1
문제 4	정답	소물 인터넷(Internet of Small Things, IoST)
	URL	https://terms.naver.com/entry.naver?docId=3435617&cid=42346&categoryId=42346
문제 5	정답	5.8℃
문제 6	정답	관한량
문제 7	정답	두한족열
문제 8	정답	열없다

▼ 이곳에 답안 화면을 캡처하여 붙여 넣으시오(이미지 크기 150mm X 100mm).

문제 9	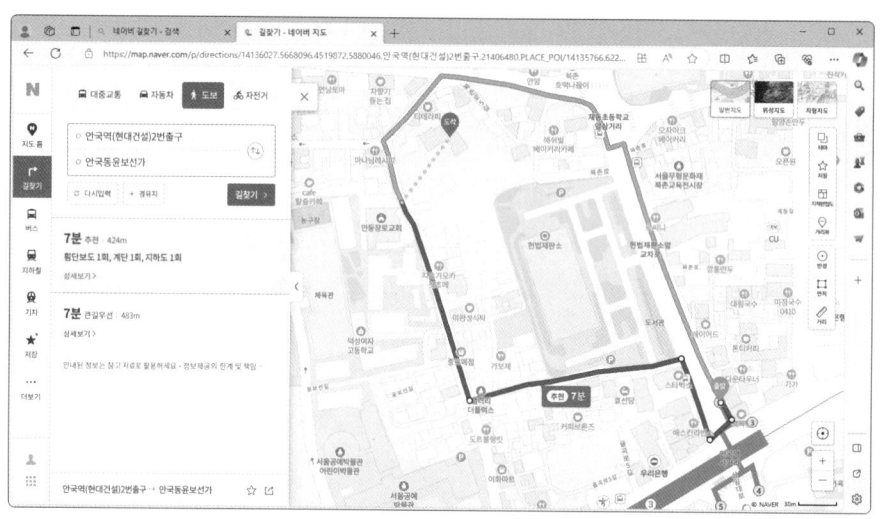
문제 10	정답	A Horse Walks Into a Bar
문제 11	정답	대전, 동대구

문제 12	우수문화상품 지정제도
	(12-1) K-RIBBON SELECTION KOREA 로고
	(12-2) 한복, 문화콘텐츠, 식품, 한식, 디자인상품
	(12-3) 한식 진흥원
	(12-4) 레이스 자락 긴조끼, 석류문 고름자켓, 천의 9폭 리을치마

제05회 실전모의고사

문제번호		답안
문제 1	정답	4
문제 2	정답	3
문제 3-1	정답	3
문제 3-2	정답	5
문제 3-3	정답	1
문제 4	정답	리버스 쇼루밍[Reverse Showrooming]
	URL	http://terms.naver.com/entry.nhn?docId=3586096&cid=59277&categoryId=59283
문제 5	정답	103.6
문제 6	정답	추도지말
문제 7	정답	도두보다
문제 8	정답	말모이
문제 9	▼ 이곳에 답안 화면을 캡처하여 붙여 넣으시오(이미지 크기 150mm X 100mm). 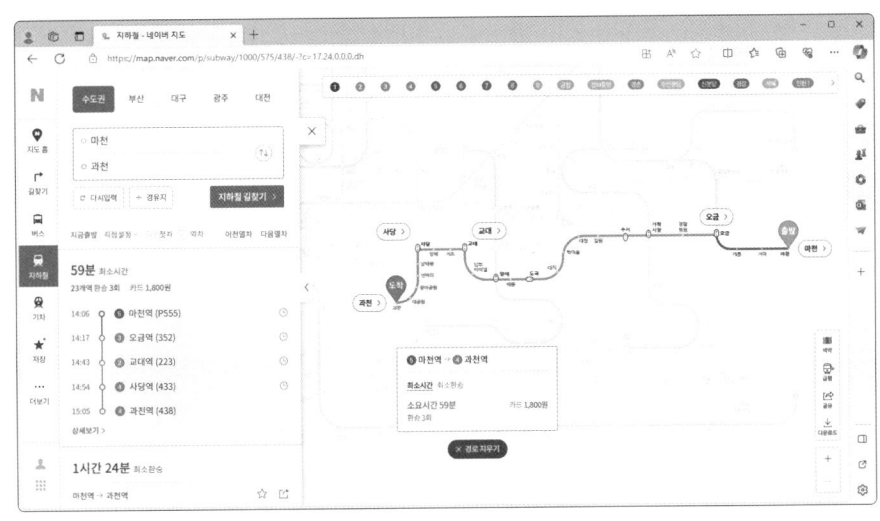	
문제 10	정답	SGD82
문제 11	정답	5,000원
문제 12	**세계자연유산 제주** (12-1)  또는 (12-2) 빛나는 제주, 하나로 잇다(Shining Jeju, Connect as One) (12-3) 11월 3일 ~ 11월 7일 (12-4) 삶을 아름답게, 생활을 풍요롭게	

제06회 실전모의고사

문제번호		답 안
문제 1	정답	4
문제 2	정답	1
문제 3-1	정답	3
문제 3-2	정답	2
문제 3-3	정답	5
문제 4	정답	메디치 효과(Medici Effect)
	URL	http://terms.naver.com/entry.nhn?docId=3384565&cid=58393&categoryId=58393
문제 5	정답	8.8℃
문제 6	정답	거래금
문제 7	정답	근열원래
문제 8	정답	열없다
문제 9	▼ 이곳에 답안 화면을 캡처하여 붙여 넣으시오(이미지 크기 150mm X 100mm).	
문제 10	정답	통영오광대, 고성오광대, 가산오광대
문제 11	정답	3코스(3-2 구간)

문제 12 — 항공의 날

(12-1) [우표 이미지]

(12-2) 위기의 파고를 넘어, 100년의 미래로

(12-3) 1948년 10월 30일

(12-4) 하늘 유목민

제07회 실전모의고사

문제번호		답 안
문제 1	정답	3
문제 2	정답	1
문제 3-1	정답	2
문제 3-2	정답	4
문제 3-3	정답	1
문제 4	정답	지오펜싱[Geofencing]
	URL	http://terms.naver.com/entry.nhn?docId=3586096&cid=59277&categoryId=59283
문제 5	정답	12.8 m/s
문제 6	정답	하문불치[下問不恥]
문제 7	정답	문문하다
문제 8	정답	치도곤
문제 9	▼ 이곳에 답안 화면을 캡처하여 붙여 넣으시오(이미지 크기 150mm X 100mm). 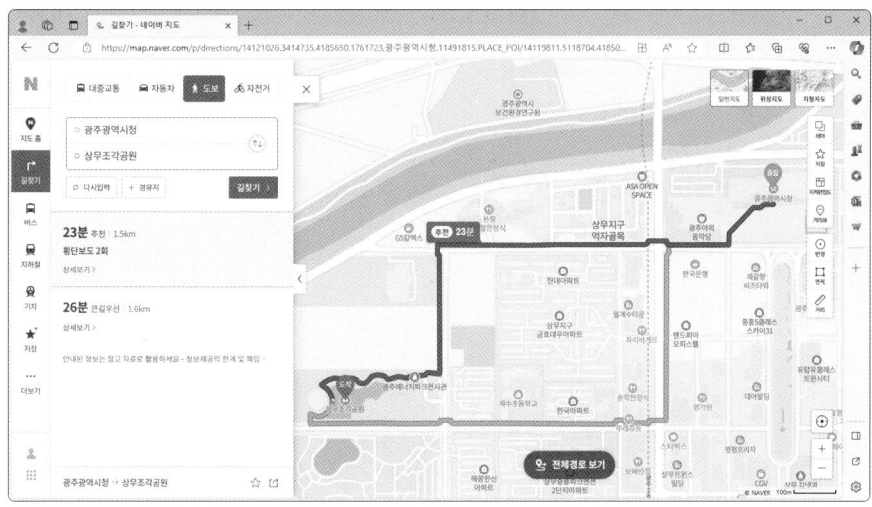	
문제 10	정답	구상나무, 금강모치
문제 11	정답	처용무

문제 12

국립진주박물관

(12-1) 	(12-2) 김수근 (12-3) 산청 범학리 삼층석탑 (12-4) 경남 진주시 남강로 626-35

제08회 실전모의고사

문제번호		답안
문제 1	정답	2
문제 2	정답	4
문제 3-1	정답	3
문제 3-2	정답	5
문제 3-3	정답	1
문제 4	정답	지시에스이(GCSE[Group Communication System Enablers])
	URL	http://terms.naver.com/entry.nhn?docId=3548910&cid=42346&categoryId=42346
문제 5	정답	담레이(DAMREY)
문제 6	정답	과두시사
문제 7	정답	시부저기
문제 8	정답	각저도
문제 9	▼ 이곳에 답안 화면을 캡처하여 붙여 넣으시오(이미지 크기 150mm X 100mm).	
문제 10	정답	캔디안 댄스
문제 11	정답	브로커(Broker)
문제 12	2022 FIFA 카타르 월드컵	
	(12-1)	(12-2) 11월 20일 ~ 12월 18일 (12-3) 라이브 (12-4) 루사일 아이코닉 스타디움

제09회 실전모의고사

문제번호		답안
문제 1	정답	4
문제 2	정답	3
문제 3-1	정답	2
문제 3-2	정답	4
문제 3-3	정답	3
문제 4	정답	인터넷 밈, Internet meme
	URL	https://terms.naver.com/entry.naver?docId=5141806&cid=42346&categoryId=42346
문제 5	정답	9,090,000원
문제 6	정답	쌩이질
문제 7	정답	범성불이[凡聖不二]
문제 8	정답	성수가
문제 9	▼ 이곳에 답안 화면을 캡처하여 붙여 넣으시오(이미지 크기 150mm X 100mm).	
문제 10	정답	설화탐정 AR 도서
문제 11	정답	강원특별자치도 철원군 갈말읍 명성로179번길 43
문제 12	인천국제공항 제2여객터미널	
	(12-1)	(12-2) 1월 18일
		(12-3) 대한항공, 델타항공, 에어프랑스, KLM네덜란드항공
		(12-4) 5시15분

제10회 실전모의고사

문제번호		답안
문제 1	정답	1
문제 2	정답	3
문제 3-1	정답	4
문제 3-2	정답	2
문제 3-3	정답	1
문제 4	정답	파싱(parsing)
	URL	http://terms.naver.com/entry.nhn?docId=2454969&cid=42346&categoryId=42346
문제 5	정답	7.6cm
문제 6	정답	서털구털
문제 7	정답	노병회
문제 8	정답	수구여병
문제 9	▼ 이곳에 답안 화면을 캡처하여 붙여 넣으시오(이미지 크기 150mm X 100mm).	
	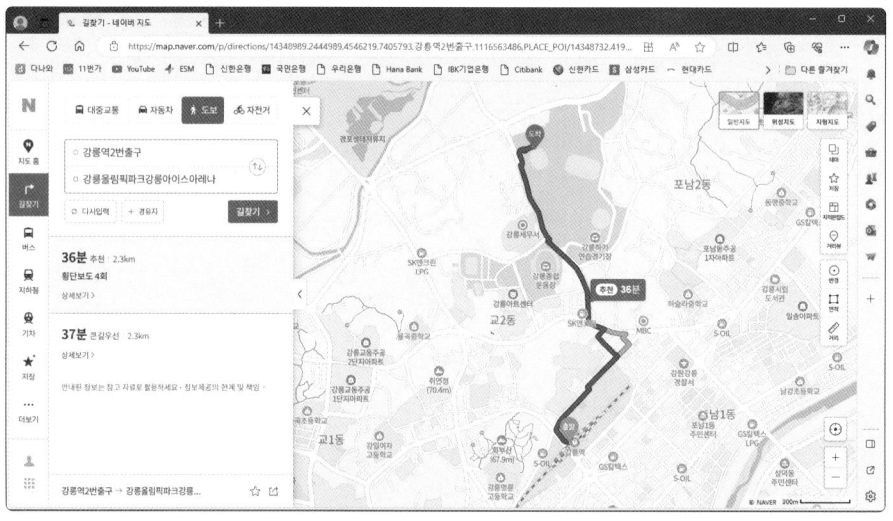	
문제 10	정답	세계문화유산기준 (II), (III) (또는 기준(ii), (III)), (또는 등재기준 2, 3)
문제 11	정답	5월27일~5월28일

문제 12	제19회 아시아경기대회(아시안게임)	
	(12-1) 	(12-2) 9월 23일 (12-3) '충충(琮琮)'과 '렌렌(蓮蓮)', '천천(宸宸)' (12-4) 베이징, 광저우

제11회 실전모의고사

문제번호		답안
문제 1	정답	4
문제 2	정답	1
문제 3-1	정답	5
문제 3-2	정답	2
문제 3-3	정답	1
문제 4	정답	임플로이언서
	URL	https://terms.naver.com/entry.naver?docId=6603432&cid=43667&categoryId=43667
문제 5	정답	22330
문제 6	정답	너울가지
문제 7	정답	교귀
문제 8	정답	전가사귀(錢可使鬼) (또는 전가통귀(錢可通鬼))
문제 9	▼ 이곳에 답안 화면을 캡처하여 붙여 넣으시오(이미지 크기 150mm X 100mm).	
	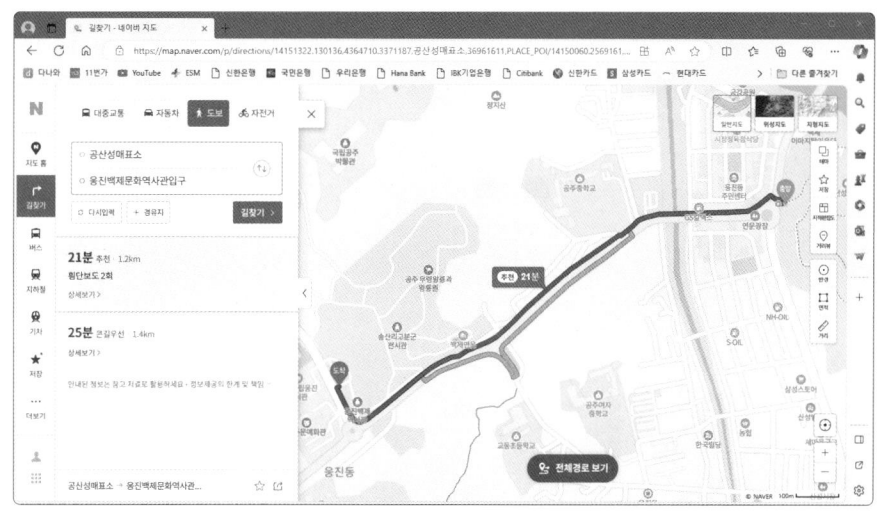	
문제 10	정답	사람과 자연을 위한 습지 행동(Wetlands action for people and nature)
문제 11	정답	2,900원
문제 12		2022~2023 울진 방문의 해
	(12-1)	(12-2) 12,000원
		(12-3) 폭풍 속으로
		(12-4) 경상북도 울진군 울진읍 연지길 30

제12회 실전모의고사

문제번호		답안
문제 1	정답	3
문제 2	정답	4
문제 3-1	정답	4
문제 3-2	정답	1
문제 3-3	정답	5
문제 4	정답	상장지수펀드(ETF : Exchange Traded Furd)
	URL	https://terms.naver.com/entry.naver?docId=5548&cid=43659&categoryId=43659
문제 5	정답	9.6℃
문제 6	정답	개원절류[開源節流]
문제 7	정답	개코쥐코
문제 8	정답	절두천
문제 9	▼ 이곳에 답안 화면을 캡처하여 붙여 넣으시오(이미지 크기 150mm X 100mm).	
문제 10	정답	RM98
문제 11	정답	10월18일

문제 12	2022 대한민국 독서대전 원주	
	(12-1)	(12-2) 9월 23일
		(12-3) 5,000원
		(12-4) 강원도 원주시 흥업면 남원로 105

제13회 실전모의고사

문제번호		답 안
문제 1	정답	2
문제 2	정답	3
문제 3-1	정답	2
문제 3-2	정답	5
문제 3-3	정답	1
문제 4	정답	스낵 컬처(Snack Culture)
	URL	https://terms.naver.com/entry.naver?docId=3586123&cid=59277&categoryId=59283
문제 5	정답	20.8℃
문제 6	정답	벼락불
문제 7	정답	곡파무
문제 8	정답	해불양파
문제 9	▼ 이곳에 답안 화면을 캡처하여 붙여 넣으시오(이미지 크기 150mm X 100mm). 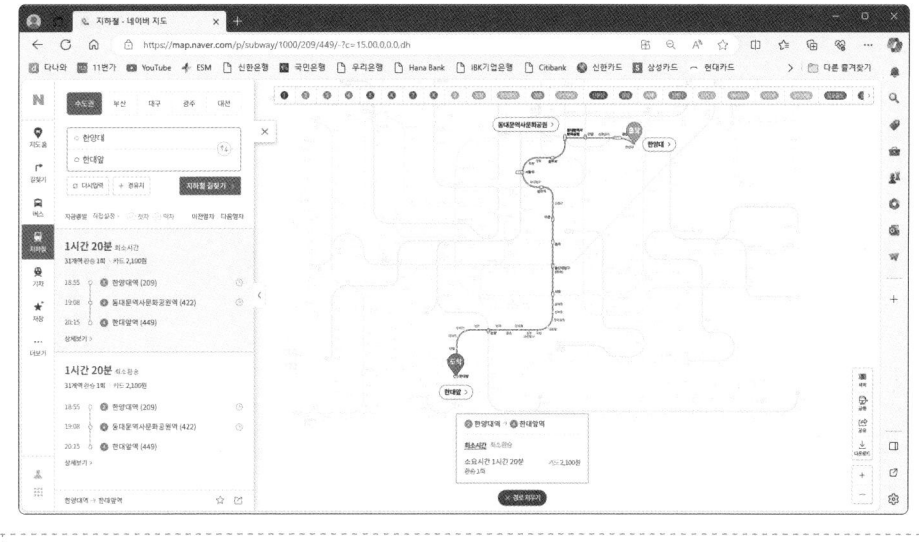	
문제 10	정답	수학으로 하나된 세상(Mathematics Unites)
문제 11	정답	54,200원
문제 12	성북선잠박물관	
	(12-1) 성북선잠박물관 SEONJAM MUSEUM 또는 성북선잠박물관 SEONJAM MUSEUM	(12-2) 터를 찾다, 예를 다하다, 풍요를 바라다 (12-3) 13호 (12-4) 서울특별시 성북구 성북로 96

제14회 실전모의고사

문제번호		답 안
문제 1	정답	1
문제 2	정답	3
문제 3-1	정답	5
문제 3-2	정답	4
문제 3-3	정답	2
문제 4	정답	자동 완성[auto complete]
	URL	https://terms.naver.com/entry.nhn?docId=863963&cid=42346&categoryId=42346
문제 5	정답	730
문제 6	정답	균치
문제 7	정답	치추지지
문제 8	정답	지머리
문제 9	▼ 이곳에 답안 화면을 캡처하여 붙여 넣으시오(이미지 크기 150mm X 100mm).	

문제 10	정답	5,000원
문제 11	정답	마리오드 뮈라이유(Marie Aude Murail) (또는 마리오드 뮈렐)
문제 12	\<서울의 생태와 자원 재생\> (12-1) SUP 또는 SUP 서울새활용플라자	(12-2) 5,000원 (12-3) 2017년 9월 5일 (12-4) 서울특별시 성동구 가람길 117

제15회 실전모의고사

문제번호		답 안
문제 1	정답	2
문제 2	정답	4
문제 3-1	정답	3
문제 3-2	정답	1
문제 3-3	정답	4
문제 4	정답	프로그래매틱 광고(Programmatic Advertising) 또는 애드테크(ad tech) 또는 하이테크(high-tech) 광고
	URL	https://terms.naver.com/entry.naver?docId=2724093&cid=43667&categoryId=43667
문제 5	정답	21.7℃
문제 6	정답	계라차지
문제 7	정답	지싯지싯
문제 8	정답	차래지식
문제 9	▼ 이곳에 답안 화면을 캡처하여 붙여 넣으시오(이미지 크기 150mm X 100mm). 	
문제 10	정답	996
문제 11	정답	블루베리
문제 12	\>제24회 하계 데플림픽(Deaflympics) (12-1)  또는  (12-2) 카시아스두술(Caxias do Sul) (12-3) 2022년 5월 1일 (12-4) 이학성	

제01회 최신기출유형

문제번호		답안
문제 1	정답	2
문제 2	정답	3
문제 3-1	정답	5
문제 3-2	정답	1
문제 3-3	정답	3
문제 4	정답	티핑포인트(tipping point)
	URL	https://terms.naver.com/entry.naver?docId=931549&cid=43667&categoryId=43667
문제 5	정답	-2.0℃
문제 6	정답	교천언심(交淺言深)
문제 7	정답	종천법
문제 8	정답	얌심데기
문제 9	▼ 이곳에 답안 화면을 캡처하여 붙여 넣으시오(이미지 크기 150mm X 100mm).	
문제 10	정답	강재원
문제 11	정답	48점
문제 12	예술의전당	
	(12-1) [이미지]	(12-2) 80,000원 (12-3) 2023년 11월 3일~2024년 3월 3일 (12-4) 9,000원

제02회 최신기출유형

문제번호		답안
문제 1	정답	3
문제 2	정답	4
문제 3-1	정답	5
문제 3-2	정답	1
문제 3-3	정답	2
문제 4	정답	뉴로모픽 칩 또는 뉴로모픽 반도체(neuromorphic chip)
	URL	https://terms.naver.com/entry.naver?docId=6451792&cid=40942&categoryId=32830
문제 5	정답	655.4만명
문제 6	정답	개발코
문제 7	정답	발본색원(拔本塞源)
문제 8	정답	원방목
문제 9	▼ 이곳에 답안 화면을 캡처하여 붙여 넣으시오(이미지 크기 150mm X 100mm). 	
문제 10	정답	26,000원
문제 11	정답	10,500원
문제 12	부산국제영화제 (12-1) [이미지] (12-2) 주윤발 (12-3) 영화의 황제(The Movie Emperor) (12-4) 803	

제03회 최신기출유형

문제번호		답 안
문제 1	정답	3
문제 2	정답	1
문제 3-1	정답	2
문제 3-2	정답	4
문제 3-3	정답	5
문제 4	정답	디지털 사이니지(Digital Signage]
	URL	https://terms.naver.com/entry.naver?docId=3378763&cid=42266&categoryId=58296
문제 5	정답	19.0℃
문제 6	정답	갈가위
문제 7	정답	위국충절(爲國忠節)
문제 8	정답	군정충정
문제 9	▼ 이곳에 답안 화면을 캡처하여 붙여 넣으시오(이미지 크기 150mm X 100mm).	
	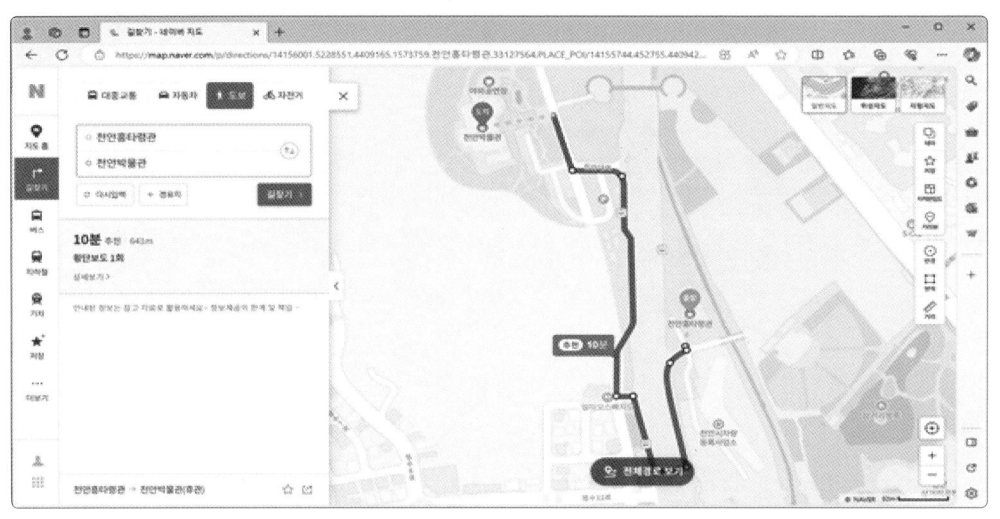	
문제 10	정답	9월9일~10월9일
문제 11	정답	루이스 카파렐리(Luis Angel Caffarelli)
문제 12		서울국제건축영화제
	(12-1) 	(12-2) 드리밍 월스(Dreaming Walls) (12-3) 이혜빈 (12-4) 다니엘 슈워츠

제04회 최신기출유형

문제번호		답 안
문제 1	정답	2
문제 2	정답	4
문제 3-1	정답	5
문제 3-2	정답	1
문제 3-3	정답	2
문제 4	정답	긱 경제 또는 긱 이코노미(gig economy)
	URL	https://terms.naver.com/entry.naver?docId=3340101&cid=43667&categoryId=43667
문제 5	정답	34.5℃
문제 6	정답	명천지하(明天之下)
문제 7	정답	분부천
문제 8	정답	갭직하다
문제 9	▼ 이곳에 답안 화면을 캡처하여 붙여 넣으시오(이미지 크기 150mm X 100mm). 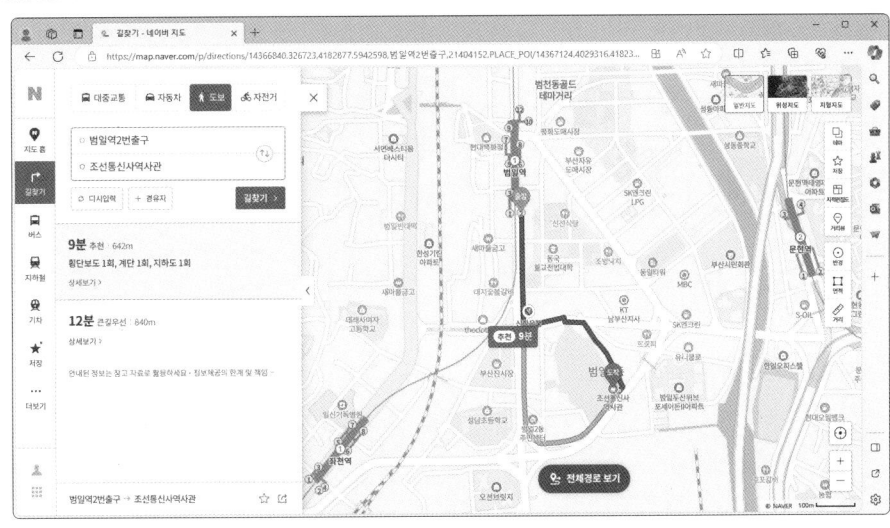	
문제 10	정답	프랭크 윌리엄 스코필드(또는 한국명 석호필), 조지 루이스 쇼
문제 11	정답	종이의 탄생부터 현재까지

서울국제여성영화제		
문제 12	(12-1) 	(12-2) 우리는 훨씬 끈질기다 (12-3) 쇼잉 업(Showing Up) (12-4) 옥자연

제05회 최신기출유형

문제번호		답안
문제 1	정답	4
문제 2	정답	3
문제 3-1	정답	1
문제 3-2	정답	5
문제 3-3	정답	2
문제 4	정답	필터버블(filter bubble)
	URL	https://terms.naver.com/entry.naver?docId=5139379&cid=43667&categoryId=43667
문제 5	정답	29.7℃
문제 6	정답	달창나다
문제 7	정답	창해일속(滄海一粟)
문제 8	정답	납속책
문제 9	▼ 이곳에 답안 화면을 캡처하여 붙여 넣으시오(이미지 크기 150mm X 100mm).	
	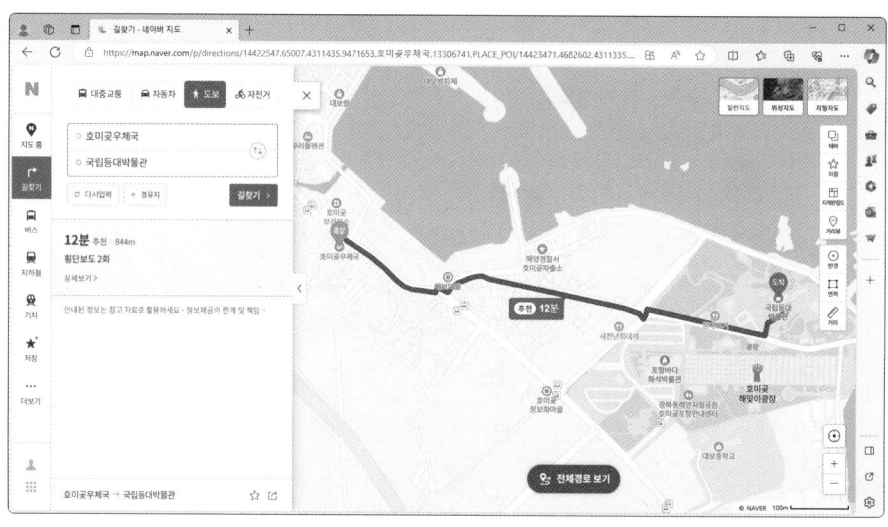	
문제 10	정답	일, 월, 목요일
문제 11	정답	2,530원
문제 12	\(12-1\) 서울역사박물관 SEOUL MUSEUM OF HISTORY	서울역사박물관 (12-2) 한양 여성, 문 밖을 나서다 – 일하는 여성들 (12-3) 인력거 (12-4) 서울특별시 종로구 새문안로 55

제06회 최신기출유형

문제번호		답안
문제 1	정답	3
문제 2	정답	1
문제 3-1	정답	5
문제 3-2	정답	1
문제 3-3	정답	3
문제 4	정답	워케이션(Worcation)
	URL	https://terms.naver.com/entry.naver?docId=5150433&cid=43667&categoryId=43667
문제 5	정답	41.0만원
문제 6	정답	속내평
문제 7	정답	내허외식(內虛外飾)
문제 8	정답	식척전
문제 9	▼ 이곳에 답안 화면을 캡처하여 붙여 넣으시오(이미지 크기 150mm X 100mm).	

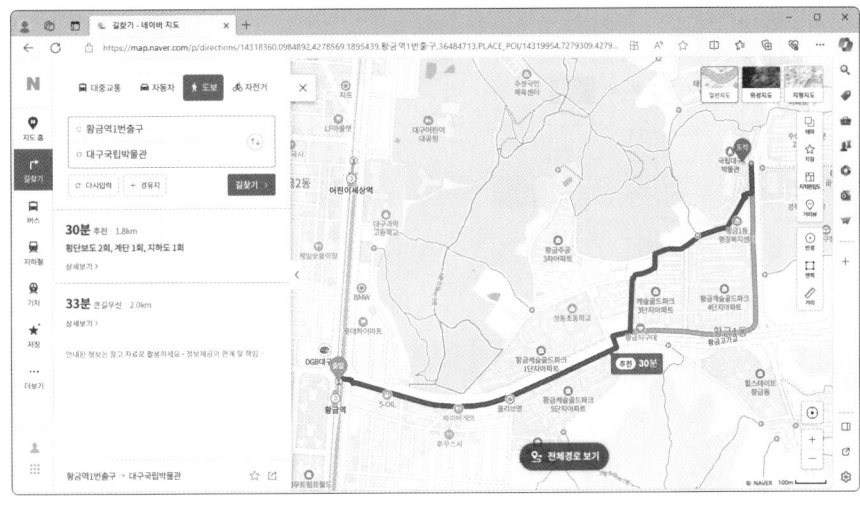

문제 10	정답	17,300원
문제 11	정답	시즈오카현

제76회 칸영화제

문제 12

(12-1)

(12-2) 5월16일 ~ 5월27일

(12-3) 추락의 해부학 또는 아나토미 오브 어 폴(ANATOMY OF A FALL)

(12-4) 조나단 글래이저(Jonathan Glazer) 또는 조너선 글레이저(Jonathan Glazer)

제07회 최신기출유형

문제번호		답안
문제 1	정답	2
문제 2	정답	3
문제 3-1	정답	1
문제 3-2	정답	4
문제 3-3	정답	3
문제 4	정답	볼류메트릭(volumetric)
	URL	https://terms.naver.com/entry.naver?docId=6650817&cid=59277&categoryId=70124
문제 5	정답	110.45
문제 6	정답	부동신보(符同申報)
문제 7	정답	골미창
문제 8	정답	미주신계(米珠薪桂)
문제 9	▼ 이곳에 답안 화면을 캡처하여 붙여 넣으시오(이미지 크기 150mm X 100mm). 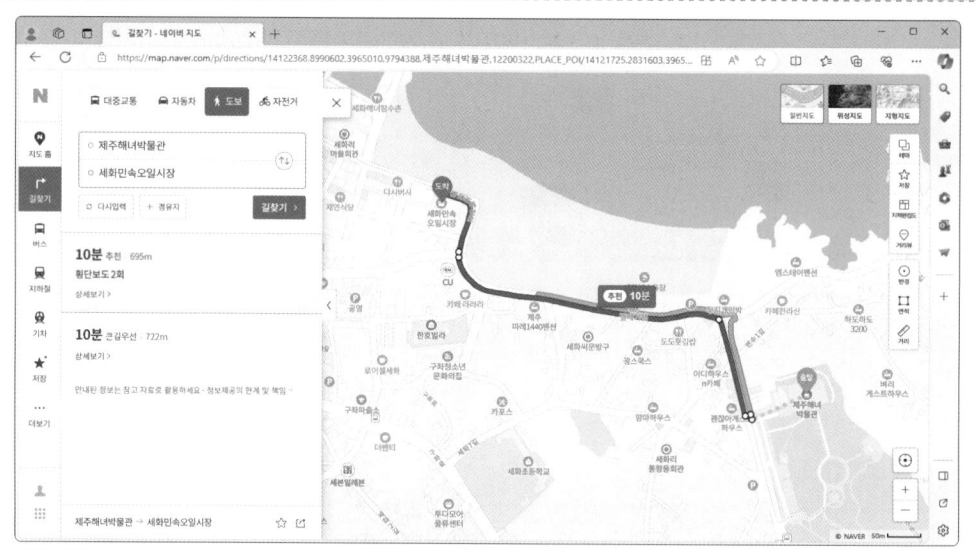	
문제 10	정답	정원에 삽니다
문제 11	정답	데이비드 알란 치퍼필드(David Alan Chipperfield) 또는 데이비드 치퍼필드
문제 12	한국차박물관	
	(12-1) 	(12-2) 50,000원 (12-3) 일본 (12-4) 전라남도 보성군 보성읍 녹차로 775

제08회 최신기출유형

문제번호		답안
문제 1	정답	2
문제 2	정답	4
문제 3-1	정답	5
문제 3-2	정답	1
문제 3-3	정답	3
문제 4	정답	뱅크데믹(Bankdemic)
	URL	https://terms.naver.com/entry.naver?docId=6682904&cid=43667&categoryId=43667
문제 5	정답	251,700원
문제 6	정답	아삼아삼
문제 7	정답	삼익지우(三益之友)
문제 8	정답	지자군

▼ 이곳에 답안 화면을 캡처하여 붙여 넣으시오(이미지 크기 150mm X 100mm).

문제 9

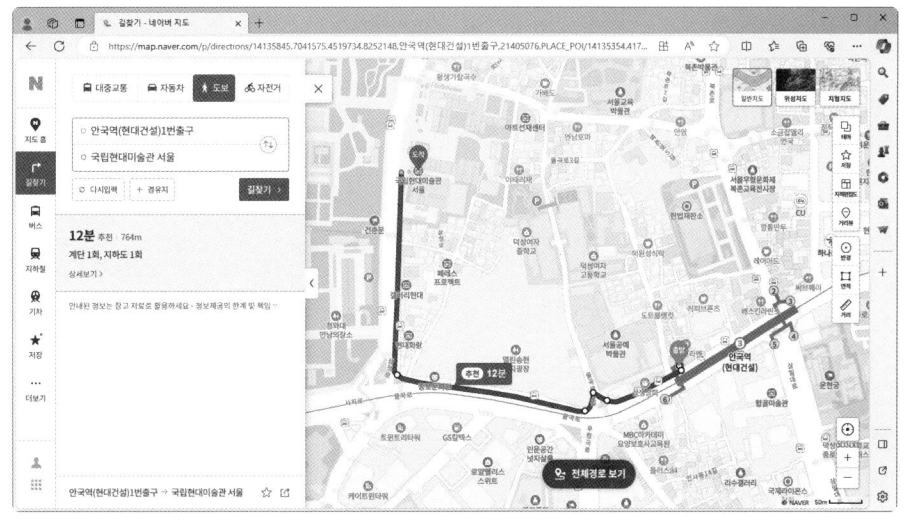

문제 10	정답	90초
문제 11	정답	13,200원

2023 궁중문화축전

문제 12

(12-1) 궁중문화축전 Royal Culture Festival

(12-2) 4월29일~5월7일

(12-3) 덕수궁 중화전

(12-4) 30,000원

제09회 최신기출유형

문제번호		답 안
문제 1	정답	4
문제 2	정답	3
문제 3-1	정답	3
문제 3-2	정답	1
문제 3-3	정답	5
문제 4	정답	메기 효과(Catfish effect)
	URL	https://terms.naver.com/entry.naver?docId=3431804&cid=58393&categoryId=58393
문제 5	정답	1,280,374백만원
문제 6	정답	사어지천(射魚指天)
문제 7	정답	어근버근
문제 8	정답	천극죄
문제 9	▼ 이곳에 답안 화면을 캡처하여 붙여 넣으시오(이미지 크기 150mm X 100mm).	
문제 10	정답	2월22일
문제 11	정답	명가떡집
문제 12		부산현대미술관
	(12-1)	(12-2) 2018년 6월 (12-3) 이웅열, 곽이브 (12-4) 부산광역시 사하구 낙동남로 1191(하단동)

제10회 최신기출유형

문제번호		답 안
문제 1	정답	4
문제 2	정답	3
문제 3-1	정답	1
문제 3-2	정답	4
문제 3-3	정답	5
문제 4	정답	디파이(De-Fi, decentralized finance)
	URL	https://terms.naver.com/entry.naver?docId=5778476&cid=43667&categoryId=43667
문제 5	정답	9.9℃
문제 6	정답	선어무망(羨魚無網)
문제 7	정답	어간재비
문제 8	정답	비금감
	▼ 이곳에 답안 화면을 캡처하여 붙여 넣으시오(이미지 크기 150mm X 100mm).	
문제 9	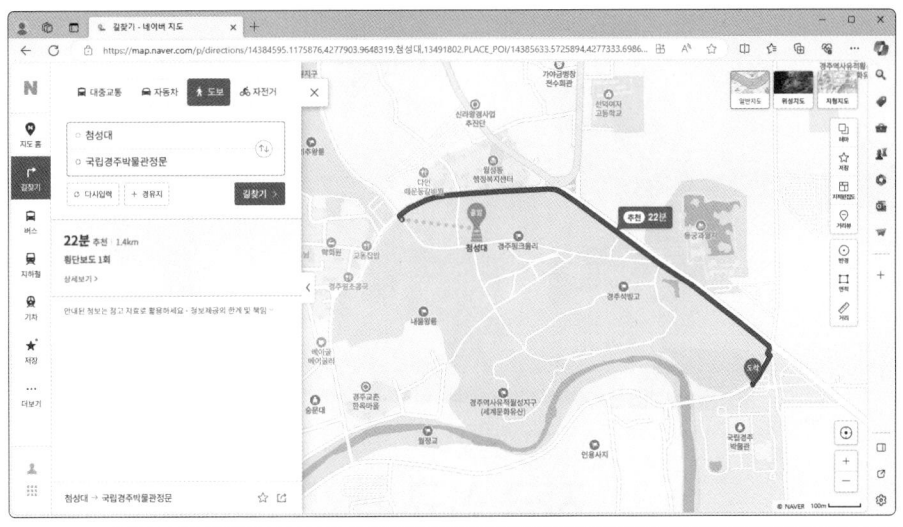	
문제 10	정답	새버미
문제 11	정답	3.63%
문제 12	\<국립중앙박물관\> (12-1) [포스터 이미지]	(12-2) 2022.11.1~ 2023.3.19 (12-3) 십이지 토끼상 (12-4) 서울시 용산구 서빙고로 137

초등 전과목
디지털학습 플랫폼

디지털 초코

첫 달 100원
무제한 스터디밍

지금 신규 가입하면
첫 달 ~~9,500원~~ → 100원!

초등 전과목
교과 학습

AI 문해력
강화 솔루션

AI 수학 실력
향상 프로그램

웹툰으로 만나는
학습 만화

초중고 교과서 발행 부수 1위 기업　MiraeN